AF331944

[illegible handwritten archival number]

LES

PETITS LIVRES DU PEUPLE

*Si vous ne voulez pas écouter la raison,
elle ne manquera pas de se faire sentir.*
FRANKLIN.

N° 2.

LE SOL ET LA HAUTE-BANQUE.

PARIS. — E. DE SOYE ET Cᵉ, IMPRIMEURS,

Rue de Seine, 36.

LE SOL

ET

LA HAUTE-BANQUE

OU

LES INTÉRÊTS DE LA CLASSE MOYENNE

PAR PAUL COQ

« L'administration fait valoir la terre et
« les hommes. »
(1787. — L'abbé de Lubersac.)

Première Partie.

PARIS

A LA LIBRAIRIE DÉMOCRATIQUE

RUE FONTAINE-MOLIÈRE, 15

1850

Un fait sur lequel tout le monde semble d'accord, mais dont la pratique tient peu de compte, c'est que l'agriculture est le grand, l'immense intérêt de la France.

Subsistances, matières premières pour le commerce et l'industrie, milice, gens de mer, impôts et subventions, tout vient des campagnes, ce siége de la moralité, de la force et de la santé. Cependant le mécanisme politique fonctionne comme si son point d'appui, son centre de gravité étaient ailleurs. C'est à peine si, de temps à autre, on laisse tomber un regard sur ces 26 millions de regnicoles qui ne connaissent le pouvoir que par les visites du collecteur.

L'on attribue l'état florissant de l'agriculture anglaise à l'étendue des fermes, à ces vastes possessions qui mettent le sol aux mains du petit nombre ; en admettant l'explication, elle aurait un sens autre que celui qu'on y attache. Si la richesse agricole atteignit dans la Grande-Bretagne un tel développement, ne serait-ce point, par exemple, parce que l'aristocratie qui gouverne est là exclusivement en possession du sol?... Quelle apparence que la politique du petit nombre néglige dans ce pays ce qui fait la force, l'influence du petit nombre?

Aussi, à toutes les époques, le pouvoir prend dans l'intérêt du sol britannique de grandes initiatives. Un jour c'est le crédit agricole qui s'organise, une autre fois c'est le bill des céréales, qu'on aura soin plus tard de modifier dans l'intérêt même de la production intérieure. C'est ainsi qu'en Angleterre la grande industrie et la grande propriété se donnent la main, parce que c'est toujours et partout de l'intérêt du petit nombre qu'il s'agit. — L'aristocratie gouverne naturellement en vue de ce qui fait sa force, sa richesse.

En France, au contraire, les intérêts du sol, depuis cinquante ans surtout, sont démocratiques. Dès lors les grandes fortunes, qui donnent à peu près invariablement l'impulsion, n'ont que du dédain pour cette fortune foncière qui cesse d'intéresser l'aristocratie, le jour où la terre cessa d'être exclusivement dans ses mains. Il n'entre point dans ma pensée de vouloir passionner une thèse toute scientifique; mais, en voyant l'état d'abandon dans lequel est laissé *le premier intérêt du pays*, il est bien difficile de voir là autre chose que la confirmation de cette opinion. Tout ce qui intéresse médiocrement excite peu ou point de sollicitude. Expliquer l'état de l'agriculture dans d'autres pays par l'importance des exploitations, c'est aller chercher loin, ce semble, une explication qui se présente d'elle-même.

La classe moyenne est en France particulièrement attachée à la possession du sol; tel est dans les sciences, les arts, les professions diverses, tel est dans le commerce et l'industrie le point d'appui de la bourgeoisie proprement dite. C'est de là qu'elle part, c'est là qu'elle revient sans cesse. Négliger les intérêts du sol, l'atteindre par des taxes qui rendent au sein des campagnes la vie précaire et misérable, c'est travailler, par l'affaiblissement de la puissance intermédiaire, dans l'intérêt de l'aristocratie. C'est ainsi qu'au bout de peu de temps l'on arrivera à posséder au sein du sol ce que l'Angleterre nous offre dans le champ de l'industrie : des légions de prolétaires en regard de l'élément aristocratique fortement constitué.

Ce résultat fatal, inévitable dans la route suivie de nos jours, mérite de fixer l'attention du pays à cette heure ; il attaque, en effet, la démocratie dans ses œuvres vives. La classe moyenne a dans le sol de nombreux auxiliaires, des intérêts tributaires comme elle du travail ; il faut que ces intérêts appelés à vivre de la vie universelle et mis en possession de certains avantages puissent faire contre-poids à la féodalité moderne. Le prolétariat des campagnes, c'est l'effacement, c'est la mort de la bourgeoisie proprement dite, dont la petite propriété est comme le contrefort. Tout ce qui fait la force de celle-ci élève et fortifie la classe moyenne, tandis que des régions d'en haut rien ne s'échappe, rien ne vient. — La richesse monte et ne descend pas.

A une époque particulièrement critique, il peut être utile d'appeler l'attention générale sur cette face de la question économique. Tel est l'objet de ce travail, auquel l'invention, la nouveauté des vues, l'esprit de système ont peu de part.

Des systèmes, par ces temps d'immobilité systématique, à quoi bon ?... Pourquoi se mettre en frais? Serait-ce pour donner la réplique aux hommes qui peuvent tout et qui sont résolus *à ne rien faire* ? Est-ce que ce sont les vues, les systèmes qui manquent? — Depuis Proudhon, cet autre Leibnitz, qui posa d'une main puissante la thèse du travail dans les temps modernes, depuis cette ferme intelligence jusqu'au génie éminemment pratique et vulgarisateur de M. de Girardin, quelles sont donc les vues qui n'ont pas été exposées, quel est le champ qui n'est pas exploré? Est-il cependant une pensée utile qui trouve grâce devant ces hommes dont la volonté semble dominer l'entendement?

Et l'homme obscur qui naît d'hier en quelque sorte au débat politique proposerait ici quelque chose comme un système? Ce serait, on en conviendra, bien de la présomption, ou bien de la candeur.

Condenser les preuves du grand mouvement de décomposition dont la fortune foncière est chez nous atteinte ; montrer le tiers-état plus que jamais aux prises avec la coalition des intérêts aristocratiques à laquelle l'Europe donne un constant appui ; représenter le grand œuvre de 89 miné dans ses fondements par une puissance qui ne connaît plus ni frontières, ni nationalités, et qui a pris fortement position dans toutes les capitales, tel est le but, le sens de ce livre. Ce sont de nouvelles pièces à joindre au procès qui est pendant depuis cinquante ans et qui attend sa solution dernière. Ce que ne sauraient faire ceux qui n'ont ni le temps, ni les moyens de tout lire, de tout scruter, de tout examiner, l'auteur a jugé utile de le faire.

A ceux, en petit nombre, qui prétendraient qu'on retrace, qu'on rappelle inutilement ici des choses *connues de tout le monde*, voici notre réponse :

Non, il n'est pas vrai que tout le monde connaisse ce qui se passe et la manière dont les choses s'enchaînent fatalement ;

Non, il n'est pas vrai que l'opinion soit édifiée à cet égard. — Vous qui parlez au nom de tout le monde, vous êtes le petit nombre, le très-petit nombre, et voilà pourquoi vous n'êtes ni une force, ni un levier puissant, alors que le droit et la raison sont pour la démocratie.

S'il en était autrement, comment expliquer ce que nous voyons? Comment comprendre, comment qualifier tous ces abus de pouvoir, ces expédients déplorables qui depuis quarante ans font la chaîne au grand dommage du pays tout entier ?

Non, la science qui n'applique pas n'existe pas.—*Savoir, c'est pouvoir,* et si l'on ne peut rien, c'est que la foule *ignore.* Les *faits,* les *faits,* voilà ce qu'il faut que chacun puisse connaître, car c'est là ce qui, à toutes les époques, gouverne le monde.

L'opinion est un vaisseau sous voiles ; et lorsque la nef se heurte aux écueils, c'est que l'équipage navigue au hasard dans des mers inconnues.

« L'homme n'invente pas, — *il observe* (1). »

C'est en s'appuyant sur *l'observation*, qu'il recule chaque jour les bornes de la science, et qu'il marche d'un pas assuré dans la voie du bien.

____

(1) Emile de Girardin.

LE SOL

ET LA HAUTE BANQUE

ou

LES INTÉRÊTS DE LA CLASSE MOYENNE.

La France peut être aujourd'hui comparée à un peuple qui vit péniblement de la conquête. — La fortune que rien n'alimente et qui ne se renouvelle pas en quelque sorte s'épuise ; il arrive un jour où elle est à peu près insuffisante. Telle est chez nous, depuis vingt-cinq ans surtout, la condition commune des propriétaires ; ne possédant que les avantages dont ils furent investis par la Révolution, ils voient leur richesse décliner par cela seul qu'elle reste stationnaire, et c'est ainsi que le sol va s'émiettant tous les jours, passant rapidement de main en main faute de ressources et de capitaux.

De là ce morcellement sans fin dont quelques esprits se préoccupent à bon droit et qui fait descendre insensiblement la richesse, l'aisance, le travail, à l'état précaire. — Comment ce fait prit-il chaque jour de plus grandes proportions; à quoi cela tient-il ? Tel est le phénomène dont chacun se préoccupe, et qu'il convient d'analyser.

CHAPITRE Ier.

DE LA PROPRIÉTÉ EN FRANCE
AVANT ET DEPUIS 1789.

Condition générale du détenteur du sol.

Une longue paix succédant il y a trente-cinq ans à la guerre générale dût, en élevant le chiffre de la population, développer tous les genres d'activité trop longtemps contenus, jetés hors des voies naturelles. On vit alors la classe moyenne, riche des bienfaits de l'instruction, se porter dans toutes les directions avec cet entraînement que met à user de la liberté nouvelle celui qui était naguère soumis à la contrainte.

Il semble que le sol, comme le champ de l'industrie, soit sans bornes ; de là cette ardeur qui, bien secondée, eût fait de grandes choses. Les hautes classes qu'on voit peser depuis cinquante ans sur le gouvernement du pays ne l'ont pas voulu.

Fortement éprouvées lors de la première révolution, leur riche dépouille fit en grande partie la France ce qu'elle est. De là ces mauvaises dispositions, qu'on prit à peine soin de dissimuler ; de là surtout le besoin, pour se dédommager, d'obtenir avec le temps de larges compensations.

L'on vit en conséquence l'aristocratie s'éloigner chaque jour davantage du grand œuvre de 89 qui devait être complété. Mais ceux qui ont le secret des forces de la nation songeront par dessus tout à en tirer parti pour eux-mêmes. C'est par l'impôt, c'est par les monopoles, c'est par les artifices d'une gestion financière habile à pressurer le grand nombre qu'on reprendra en détail ce qu'on a perdu. — Telle fut, sous la Restauration, la pensée dominante, et telle est au surplus la loi des aristocraties. Les intérêts d'un certain ordre n'acceptent jamais définitivement leur défaite !

« L'aristocratie, disait en 1821 le général Foy, *conspire sans cesse*, elle ne s'arrête jamais. »

C'est ainsi que, de 1845 à 1848, le temps qui s'écoule n'est qu'un long combat, une lutte acharnée, à la faveur de laquelle les hautes classes cherchent à se reconstituer, et qui empêche incessamment la démocratie d'avancer. Le pouvoir est dans les mains de ceux qui en sont dépositaires un moyen d'appauvrir les masses et la France par suite ; car, dans ce pays, les intérêts sont démocratiques, c'est-à-dire essentiellement liés à la cause du travail.

La Restauration et ceux qui lui succédèrent se trouvent avoir ainsi pesé sur la situation, sans qu'on ait touché à aucune des faces du problème résolu en partie par nos pères il y a soixante ans. La démocratie, qui se recrute dans ce système par l'accroissement de population, combat chaque jour plus vivement ses adversaires, parce que chaque jour le terrain est plus disputé; mais la lutte est toute politique, et la question économique reste sur le second plan. — Un regard jeté sur le passé peut faire voir d'où l'on était parti et où l'on arrive toutes les fois que l'intérêt du grand nombre est méconnu.

Les travaux de Lavoisier en 1784, ceux de M. de Tolozan en 1788, avaient conduit ces deux hommes à évaluer à 3,681,000,000 de livres l'ensemble des revenus de la France. L'agriculture, suivant Lavoisier, entre dans ce chiffre pour 2,750,000,000 de livres tournois, ce qui représente, au dire de l'illustre savant, un produit *net* d'environ 1,200,000,000. M. de Tolozan estime de son côté que les produits de l'industrie sont en somme de 931,460,000 livres.

En 1785, l'ensemble des impôts qui frappait le revenu national était, au dire de Necker, de

585,000,000, soit 600,000,000, tous frais d'exploitation compris ; les corvées figurent dans ce chiffre pour 20,000,000 de livres (1).

Le revenu total étant de 3,680,000,000, il suit de là que les tributs et taxes frappent à concurrence du sixième environ les produits du travail national. Mais la dîme levée au profit du clergé n'est pas comprise dans ces résultats. En l'évaluant avec M. de Talleyrand à 80,000,000 par an, on voit que le pays supporte à cette époque un impôt qui équivaut au cinquième du revenu total (2).

Quelque lourd que puisse paraître ce tribut, ce n'est là cependant qu'une part minime des charges sous lesquelles succombait le peuple des producteurs. — Une noblesse exempte de tailles opposait en outre mille entraves à l'essor de la fortune publique ; c'est ainsi que se trouve fatalement circonscrit le cercle dans lequel vingt-cinq millions d'habitants peuvent à peine se mouvoir.

---

(1) Voir *l'Appendice*, § 1, *Documents statistiques*, lettre A.

(2) Les biens du clergé furent, on le sait, vendus 400 millions. L'on s'accorde généralement à porter à plus de 100 millions l'ensemble du revenu ecclésiastique à cette époque. L'abbé d'Expilly fixe ce chiffre à 119 millions, Necker l'élève à 130, et M. de Talleyrand, dans son rapport à l'Assemblée constituante, l'évalue à plus de 150.

Après les tailles, l'impôt du roi, il fallait compter encore avec la *taille* et les *corvées* personnelles, l'*aide* seigneuriale, le droit de *guet*, le droit de *garde*, le droit de *pulvérage*, levé sur le possesseur des troupeaux qui passeront dans un chemin public relevant du seigneur; d'un autre côté, ce sont les droits de cinquantième, de centième deniers qui frappent au passage l'exportation et l'importation, la vente des denrées ou des marchandises; on acquitte en outre les droits de *péage*, de *long* et de *travers*, de *passage*, de *pontonage*, etc., droits qui atteignent sur la terre et sur l'eau toute richesse, tout produit circulant; puis il faut acquitter les droits de marque et de mesurage, le droit de four banal et de moulin, pressoir, etc., toutes choses qui rendent chacun fatalement tributaire de l'exploitation seigneuriale. Les voies de l'industrie ne sont pas plus libres que le parcours du sol. C'est ainsi qu'on rencontre d'innombrables barrières élevées contre la faculté qui appartient à l'homme de se mouvoir, d'ajouter par là sans cesse à sa force (1).

Énumérer tous les obstacles qui s'opposaient ainsi partout à l'activité générale serait chose

____

(1) « L'homme ne dispose que d'une chose sur la terre : le mouvement. » — L'économie financière, remarque M. de Girardin, qui rappelle cet aphorisme de James Mill, est résumée dans ces quelques mots.

fastidieuse; chacun comprend l'influence que devait avoir sur le pays, sur l'essor de la production, le poids de ces lourdes chaînes.

Et cependant, sous ce régime, la France, si l'on en croit les organes les plus considérables de la science, élevait à près de 4 milliards le chiffre brut de sa production. Que ne devait-on pas espérer d'un système plus équitable, d'un meilleur aménagement des forces avec un sol fertile, — une population active, intelligente, — et une constitution géographique à peu près sans rivale (1).

Vingt ans plus tard, en supposant que les évaluations de Lavoisier soient exactes, la science économique constate un accroissement notable de richesse industrielle, malgré les difficultés, les obstacles que devaient opposer les hautes préoccupations d'une guerre européenne. L'industrie, par exemple, aurait créé en 1812, suivant M. Chaptal, une valeur de 1820 millions. Ce chiffre représente à peu près le double de la richesse que signalait dans le dernier siècle Lavoisier. Mais il s'en faut bien que l'agriculture ait marché du même pas; cela tient plus qu'on ne croit à l'influence oppressive de la fiscalité impériale. Le chiffre

---

(1) V. l'*Appendice*, § II, *Notes et développements*, lettre *a*.

brut des produits agricoles, qu'on assure, en 1784, avoir été de 2,750 millions, soit pour le propriétaire ancien un net produit de 1,200 millions, ne va pas au delà de 1678 millions, ce qui ne laisse plus au nouveau détenteur du sol que 1,346 millions seulement, *net de frais !*

Telle est, après moins de vingt-cinq ans, la condition faite au cultivateur. Les frais de culture se seraient ainsi accrus, en très-peu de temps, dans une énorme proportion. Ils représentaient anciennement les deux cinquièmes environ du produit brut agricole ; plus tard, ils absorbent près des trois quarts. — Encore si cet accroissement de frais avait élevé proportionnellement, dans les campagnes, le taux des salaires !... Mais il n'en est rien.

Ainsi, et sur ce point l'autorité de Lavoisier confirmé par de Lagrange reste entière, le détenteur du sol devra de nos jours non plus exposer 15, 50, par exemple, pour obtenir comme auparavant 12, de manière à réaliser en somme 27, 50 ; non, avec cette force disponible, il n'obtiendrait guère que la moitié du résultat ancien. Il lui faut, pour avoir 13, 44, par exemple, opérer avec des forces doubles et se mettre en dépense, souvent même à découvert d'une somme équivalente à 33, 32, de manière à obtenir non plus 74, 90 environ, mais seulement 46, 78 (1) !...

Le moment n'est pas venu d'analyser ce résultat, d'en rechercher les causes et d'en ap-

---

(1) Ce fait joue un grand rôle dans l'économie rurale, et cependant il passe en quelque sorte inaperçu.

Lullin de Châteauvieux, qui lui a consacré quelques pages en 1843, considère ce grave phénomène sous un seul aspect.

En France, remarque cet intelligent observateur, un agriculteur devrait, comme en Angleterre, nourrir deux individus ; cela n'est pas. Les produits se consomment en quelque sorte *sur place*, ils ne se présentent pas *sur le marché*. L'auteur remarque en terminant qu'il arrive ainsi que la population, quoique *non oisive*, s'emploie dans une voie *improductive*, puisqu'elle pourrait s'occuper utilement ailleurs.

Sans doute, ces considérations sont graves, et il en ressort la preuve d'un état de choses non moins fatal à l'industrie qu'à la richesse agricole; mais ce qui méritait de fixer l'attention, ce sont les conséquences de cet état de choses, et la condition faite au cultivateur par une situation économique d'où résulte pour lui un état de gêne constant.

M. Rubichon, en 1833, avait déjà signalé cette dépense excessive de forces; mais il ne s'agit pas aujourd'hui en France de tourner les regards du côté des grandes *tenures*, des fermes anglaises, pour rêver, au lieu du morcellement, une constitution de propriété que le pays a pour toujours condamnée. La Révolution de 89 posa des prémisses dont il faut tirer franchement les conséquences au lieu de se rejeter en arrière. — Cette constitution nouvelle du sol est du reste fort loin d'être inconciliable avec les conditions de la richesse publique et le bien-être individuel, qui en forme la base.

précier les conséquences. Ce qu'il importe, c'est de constater qu'aujourd'hui l'agriculture exige l'emploi d'une force bien supérieure à ce qu'on remarquait il y a soixante ans. Cette situation, qui s'aggrave chaque jour, constitue le détenteur du sol par l'abaissement de la rente foncière, fortement en avances d'abord, et finalement en perte, eu égard à l'état antérieur (1).

Pour qu'il en fût autrement, il faudrait, en effet, que cette dépression de richesse vînt correspondre, par exemple, à une réduction de prix dans le loyer des capitaux ou à l'élévation du prix des denrées, des produits agricoles. Il n'en est rien ; le loyer des capitaux

-----

(1) M. Napoléon Daru, en faisant remarquer dans ces derniers temps l'extension que prit chez nous la production industrielle, insiste sur le contraste qui ressort du chiffre de la production agricole mis en regard. Pendant que la terre donne à peine le *double* de ce qu'elle produisait en 1784, écrit M. Daru, l'industrie a vu *quadrupler* sa production. L'honorable membre de l'Assemblée législative se serait convaincu, en examinant de plus près les choses, que l'agriculture, loin de progresser dans la faible proportion indiquée, est aujourd'hui surtout dans la situation de l'individu qui se meut en place, qui piétine sans pouvoir avancer d'un pas. — On vit en plus grand nombre qu'autrefois sur le sol, mais on vit mal, on végète, on consomme en quelque sorte sans reproduire, et tout se ressent de cet état stationnaire. Avec de tels progrès dans l'industrie, l'on aurait bientôt le chômage universel.

reste dans les campagnes ce qu'il était à une autre époque. Et n'est-ce pas d'ailleurs à cette circonstance que tient pardessus tout, ainsi qu'on le fera voir, ce même renchérissement de la culture des terres?...

L'effet est devenu cause à son tour.

L'on est du reste généralement d'accord pour fixer de nos jours au cinquième, tout au plus au quart, du produit *brut*, les profits du propriétaire. Telle est notamment la proportion suivie par M. Schnitzler dans son grand ouvrage de statistique. Du temps de Lavoisier, ces profits équivalaient à près *de moitié* du produit brut, et sur ce point, nous le répétons, Lavoisier mérite confiance.

Que l'on cherche de nos jours à donner le change sur la portée d'un semblable fait, sur sa signification, que l'on croie avoir répondu, parce que le chiffre de la production agricole actuelle sera double ou même triple de ce qu'il était anciennement, comparaison toujours difficile à établir lorsqu'on est réduit à de simples conjectures, cela est au fond de peu d'importance, et telle n'est point en ce moment la question. Ce que nous étudions, ce que nous examinons, en effet, c'est la condition faite, depuis vingt-cinq ans surtout, au détenteur du sol, au travail agricole, au pays par suite.

De ce que l'agriculture produit chez nous

environ 6 milliards, comme le répètent assez bruyamment quelques hommes qui semblent ignorer que la Grande-Bretagne atteignit sans peine ce même chiffre avec un sol ingrat et dont la superficie cultivée est moitié moindre que la nôtre ; de ce qu'on obtiendrait en France un produit double des chiffres accusés en 1812, alors que la population, les défrichements se sont considérablement accrus ; de tout cela il ne résulte nullement que la condition du cultivateur-propriétaire soit chez nous, après soixante ans, ce qu'elle doit, ce qu'elle devrait être (1).

____

(1) M. Moreau de Jonnès, dans sa statistique de la France en 1846, porte à 6 milliards environ le chiffre de la production agricole annuelle. Il ajoute que sur le marché cette valeur monte à 6 milliards 600 millions. — M. Schnitzler maintient son évaluation au-dessous du premier de ces deux chiffres ; il ne pense pas que le produit brut dépasse 5 milliards 200 millions, soit, avec le produit des fabriques, moins de 8 milliards en totalité. Or, l'ensemble de la richesse produite en Angleterre était évaluée à plus de 12 milliards en 1841.

CHAPITRE II.

DE LA PROPRIÉTÉ EN FRANCE.

État précaire. — Fractionnement continu. — Conséquences générales.

SECTION Iʳᵉ.

ÉTAT PRÉCAIRE.

Si le régime suivi de nos jours favorise le développement de la richesse foncière ; — si, après avoir vu s'accroître dans une notable proportion le nombre des détenteurs du sol, la France a été administrée de telle sorte que le temps n'a fait qu'ajouter à l'œuvre de 89, et que la fortune agricole s'est démesurément accrue ; en un tel cas ce n'est pas seulement la masse des produits qui sera plus considérable, mais la condition du travailleur se sera sensiblement améliorée, dans le sol d'abord, puis dans le commerce et l'industrie. C'est ainsi, par exemple, que le salaire, cessant d'être modique, insuffisant, aura puissamment contribué à élargir le cercle des consommations, d'où une production énergiquement stimulée. En France, et dans un pays essentiellement agricole, l'homme du sol doit arriver en peu de temps sinon à la fortune, du moins à quelque chose qui ressemble à de l'aisance.

C'est ainsi que les bienfaits d'un autre âge auront fructifié dans les mains du nouveau possesseur. — Voici dès lors ce qu'on remarque :

Sous ce nouveau régime, le détenteur du sol a peu ou point de dettes; s'il s'aide quelquefois de l'emprunt, l'abondance des capitaux vient le protéger contre toute stipulation usuraire; d'où une dette hypothécaire minime et dont on paie facilement ses intérêts.

Le cultivateur n'est plus réduit à se priver *du nécessaire* pour acquitter l'impôt, payer tout son monde, donner *les façons* à propos *argent en main*. — Le salarié des champs, de même que le salarié de l'industrie, n'attend pas.

Le cultivateur n'est plus condamné à porter son blé ou son vin à la ville, pendant qu'un autre membre de la famille conduit le bétail à la boucherie sans rapporter aucune provision, chacun vivant en conséquence de pain de maïs ou de seigle mélangé de fèves, qu'on arrose d'une boisson mauvaise mal entretenue; telle était la vie autrefois dans les champs, mais cela est bien changé. Cette famille de cultivateurs garde généralement pour elle une bonne part des fruits qu'elle a fait naître, elle boit son vin, consomme de la viande en suffisante quantité pour entretenir, renouveler ses forces avec la vie.

C'est ainsi, par exemple, que ce petit propriétaire ne recule plus obstinément devant l'impôt minime de l'assurance contre la grêle ou l'incendie ; il n'expose pas ses bestiaux, sa récolte aux chances d'un grave désastre faute de s'être racheté en payant le prix du risque (1).

Si sa femme ou son fils sont malades, si lui-même est souffrant, si la fièvre l'abat et le mine, il a recours à l'homme de l'art avec l'empres-

---

(1) Les gens qui ont réponse à tout, et qui du reste connaissent fort peu le paysan, mettent journellement sur le compte de l'ignorance des faits qui ne prouvent qu'une chose, le manque de capitaux.

Est-ce que l'habitant des campagnes répugne, par exemple, à *s'assurer* contre les effets du tirage au sort en matière de recrutement comme il répugne à souscrire une police d'assurance contre la grêle ? Est-ce qu'on ne le voit pas dans le premier cas s'imposer de dures privations pour exonérer du service l'un des membres de sa famille et *payer par suite une forte prime ?* Il se rend là exactement compte du mécanisme de l'assurance. S'il ne va pas au-delà, ce n'est donc pas qu'il ignore ; seulement, il court au plus pressé. — Le naturel des gens de la campagne est inculte, sans doute, mais ils ont, plus qu'on ne le croit, le sens pratique des affaires.

sement qu'il mettrait à soigner son bœuf ou son âne.

Il n'est pas tristement vêtu, hiver comme été, et chaussé de même ; il ne spécule pas sur la main-d'œuvre de l'enfant qui est d'âge à fréquenter l'école et ne l'envoie plus faire tristement de l'herbe par les chemins et les fossés.

Son fils ou sa fille, en âge de travailler, n'émigreront pas vers la ville pour y charger les rues, les places publiques d'un nouveau prolétaire ; non, si le chef de famille réussit et s'il est content de son sort, comme en Amérique par exemple, ses enfants le seconderont, loin de songer à quitter les champs. — Aux États-Unis, qu'on vient de rappeler et qui peuvent être cités comme un remarquable enseignement, la population agricole revient après un certain temps d'épreuve consacré à l'instruction, elle retourne aux champs pour donner à la terre son temps et ses forces. C'est là qu'elle s'établit avec le fruit de quelque épargne.

L'on ne voit point surtout ce malheureux petit propriétaire, — et chacun sait qu'il existe huit millions de cotes *au dessous de 20 francs*, — l'on ne voit pas, dis-je, ce détenteur du sol spéculer tristement une année ou l'autre sur le défaut d'engrais ou de fourrage ; il n'est pas aujourd'hui réduit à la pénible alternative de ne pas fumer sa terre, ou de faire dévorer son champ par un attelage de bétail d'une trop grosse dépense.

Aussi, et c'est par là que doit finir ce séduisant tableau, sous l'influence d'un tel régime si la transmission des héritages amène d'inévitables fractionnements, si la propriété se décompose par l'effet des partages, elle se reconstitue dans le même temps par les mariages, par la formation des familles, des fermes, des exploitations nouvelles ; et loin qu'on aboutisse là, comme dirait un moderne économiste, *à la pulvérisation du sol*, au précaire par suite, la propriété se transforme sans désavantage. C'est ainsi que se développe chaque jour, sous la double influence du temps et du travail, la fortune des populations agricoles.

Le moment est venu d'examiner jusqu'à quel point tout cela est d'accord avec la réalité. Voici la situation telle que la connaissent ceux qui ont quelqu'expérience de la vie des campagnes.

Dévorée, affaiblie par le prêt usuraire, par l'impôt et la justice coûteuse, la propriété succombe sous le poids de ses dettes ; elle fait le désespoir de l'agriculteur, de l'industriel, par suite, de ces fabriques nombreuses auxquelles le sol n'envoie qu'un petit nombre de consommateurs, tant le salaire agricole qui pèse lourdement sur le petit propriétaire est d'ailleurs insuffisant.

La vie du cultivateur est une vie de privations ; il porte invariablement au marché ce qu'il a de mieux dans sa récolte, et le froment, la viande entrent beaucoup moins chaque jour dans son alimentation (1). Ce n'est qu'ainsi qu'il parvient à se ménager un mince fonds de roulement, que l'usure a mis et met sans cesse hors de prix.

L'éducation de la famille, les soins à l'intérieur sont du temps perdu au sein de cette vie besogneuse ; aussi le fils du paysan, comme la famille du petit *land-lord,* aspirent-ils à quitter ces misères sans compensation pour venir s'abattre sur les villes, où la main-d'œuvre, les professions se multiplient et surabondent.

Partout on voit le travail manuel, le travail *à la bêche* se substituer au labourage ; c'est ainsi que la terre qui manque d'engrais tend à s'épui-

---

(1) La statistique officielle dressée par les soins et sous les auspices de M. Moreau de Jonnès constate que le froment *forme beaucoup moins qu'auparavant* la nourriture des populations. La consommation de la viande, que l'on sait avoir été vers la fin du dernier siècle de 60 livres, soit 40 kilogrammes par tête, est descendue à 20 kilogr. en moyenne.—Il est des contrées essentiellement agricoles, le Lot et le Gers par exemple, où elle tombe à 13 kilogr. et même à 9 par chaque habitant !

ser, car sa substance ne se renouvelle pas ; tout
est, dans ce système, inévitable parcimonie,
calcul mesquin, exploitation misérable et presque barbare. — Aussi remarque-t-on dans ce
sol, riche entre tous, que la semence produit à
peine *la moitié* de ce que donnent les terrains
abruptes de la Grande-Bretagne. (Consulter
là-dessus une foule d'autorités, MM. Schnitzler,
Ch. Dupin, Rubichon, le *Dictionnaire du commerce,* en 1837, etc.)

Mais le symptôme le plus manifeste de cette
faiblesse, c'est le morcellement, la mobilisa-
tion extrême du capital foncier.

La moyenne propriété ne pouvant résister,
dans un système où le travail excessif devient
chaque jour davantage la loi, la condition de
la possession, cette moyenne richesse tombe
et se décompose, elle s'éparpille sur une in-
finité de têtes. De leur côté, les grands domaines manquent de bras, d'innombrables par-
celles absorbant de plus en plus le travail de
leurs rudes possesseurs. On résiste néanmoins, parce que la fortune, battue sur un
point, sait à propos se porter ailleurs. C'est
ainsi que la spéculation, les grandes compagnies devinrent le refuge des gros propriétaires. Mais la moyenne propriété, qui n'a pas
cette ressource, succombe. Alors le champ se
divise en plusieurs lots, les bornes se plantent

et se multiplient, pendant que le travail, qui coûte presque autant qu'il rapporte, se traduit en consommations locales, au lieu de devenir dans l'industrie reproducteur de richesses ; la propriété éprouvée par le moindre sinistre passe rapidement de main en main.—L'on dirait d'un charbon ardent que la douleur force de lâcher.

Le fisc s'applaudit en voyant ses recettes croître ; il ne voit pas, dans sa profonde cécité, tout ce que la fortune du pays perd à ce compte. — Il faut suivre, considérer de près cette loi du fractionnement infime qui témoigne de tant d'instabilité et mène par une pente rapide au déclassement des forces et des hommes.

SECTION II.

FRACTIONNEMENT CONTINU.

Le nombre des propriétaires, au moment où Necker publia son mémorable *Compte-rendu*, ne dépassait pas 2 millions. Le reste de la nation, comprenant environ 16 millions d'individus, composait la classe nombreuse des *non-propriétaires*. C'est là que la Révolution prit son point d'appui ; ce sera comme sa base d'opérations (1).

---

(1) L'on ne gagne rien à constituer des priviléges

Les 2 millions de propriétaires existant sous l'ancienne monarchie sont aujourd'hui représentés par plus de 5 millions d'individus. L'on se tromperait si l'on pensait que cet accroissement notable dans le nombre des possesseurs du sol corresponde en quelque sorte exactement au chiffre des distributions de terres faites il y a soixante ans. A cette époque, le nombre des propriétaires s'accrut de moitié environ par voie d'aliénation générale.

Voici, en effet, ce qui résulte des explications fournies sur ce point par un ministre de la Restauration, M. de Villèle.

Les biens du clergé, évalués, on le sait, 400 millions, passent, dès le début, dans les mains de 666,000 acquéreurs. 440,000 particuliers achètent un peu plus tard les biens de 27,000 familles d'émigrés ; enfin, l'on calcule que les aliénations des communes ont donné lieu à 110,000 contrats. Si l'on joint à ces diverses aliénations celles qui ont porté plus tard sur les bois du domaine, l'on trouve, suivant M. de Villèle, que 1,222,000 nouveaux

qui dépouillent la masse et finissent par la désintéresser de l'ordre. Si le pays se défendit vaillamment contre l'Europe coalisée, c'est que la cause du sol était devenue la cause du grand nombre. — V. l'*Appendice*, *Documents statistiques*, lettre B, pour le classement de la population avant et depuis 1789.

propriétaires ont remplacé 30,000 anciens détenteurs du sol. La Révolution aurait ainsi porté dès l'abord, en quelque sorte, à 3,200,000, au lieu de 2 millions, le nombre des propriétaires.

Ce chiffre est fort loin de celui qui existe actuellement. La différence ne peut guère s'expliquer que de deux manières. Ou cela tient à de nombreux défrichements effectués en moins de vingt ans, puisque l'augmentation signalée est antérieure à 1815 ; ou l'on doit tenir compte de l'influence du statut successoral, influence qui aurait abouti au morcellement extrême.

Quels que fussent à l'époque indiquée ces défrichements, ils ne pouvaient guère avoir donné, pendant vingt-cinq années de guerre, les immenses résultats dont la Restauration se montre frappée. Ce n'est donc point à cette cause qu'il faut rapporter l'extension qu'on remarque. Resterait la loi des partages, qui fractionne plus ou moins activement le sol suivant qu'elle rencontre plus ou moins d'obstacles. — Il convient ici d'examiner comment les choses se passent (1).

____

(1) L'on est en général disposé à s'exagérer l'influence d'un ordre de succession qui établit dans une certaine mesure l'égalité entre les membres d'une même famille.

Le sol possédé aujourd'hui par plus de 5 millions de familles est divisé, on le sait, en un nombre de cotes à peu près double et qui comprennent elles-mêmes un grand nombre de pièces de terre. C'est ainsi que le chiffre de ces divisions parcellaires, montant à 116 millions en 1816, était, en 1834, de 123 millions. Cette division, qui existe en quelque sorte à la surface, atteste sans doute particulièrement la diversité de culture ; c'est ainsi, en effet, que le blé se distingue du chanvre, les légumineuses du maïs. Toutefois, c'est également ainsi que la petite propriété s'affirme. L'homme riche en fonds de terres connaît trop les avantages de la grande culture, des approvisionnements considérables, et qui pèsent ensuite à propos sur le marché local, pour procéder

---

L'esprit d'aristocratie proportionne toujours, et M. Passy le remarque avec raison, — il mesure généralement la défense à l'attaque pour ne pas décheoir à ses propres yeux. C'est ainsi que la fortune battue en brèche par la loi des héritages tendit à se recomposer par les alliances et les profits que donnent l'industrie, la spéculation. L'on peut donc tenir pour certain que le statut successoral, si les circonstances n'eussent pas outre mesure favorisé sa marche, aurait amené des résultats qui se seraient assez généralement renfermés dans les limites posées originairement par la distribution des terres. Si le fractionnement est devenu infime et parcellaire, s'il prit une grande extension, cela tient évidemment à d'autres causes.

ainsi. Là où la culture est à ce point variée, l'on peut dire que la propriété va de plus en plus se fractionnant ; il faut alors que le sol, *saturé en quelque sorte de travail*, donne une foule de produits, qui permettent au possesseur de se suffire sans bourse délier. — Tout doit se passer, dans ce système, en consommations locales, sans lien, sans relation avec l'industrie, suivant que cela a déjà été observé.

Mais ce n'est pas seulement cet état parcellaire qui atteste le fractionnement intense du sol ; le mouvement auquel obéissent les cotes foncières depuis trente ans est bien autrement grave. Voici, d'après les statistiques, ce qui eut lieu à dater de 1815 :

1815, nombre de cotes :	10,083,751	
1826	—	10,296,693
1835	—	10,893,528
1840	—	10,946,219 (1)

L'on pense généralement que la somme des cotes correspond à un nombre de propriétaires moitié moindre ; M. Schnitzler, notamment, cal-

(1) Les trois premiers chiffres sont empruntés à la *Statistique* générale de la France, publiée en 1837 par les soins du ministre du commerce et de l'agriculture (V. tome III, p. 110.) ; le quatrième chiffre nous est fourni par M. de Tapiès, auteur d'un ouvrage de statistique estimé : *La France et l'Angleterre.*

cule ainsi (1). Cela porterait à 5,470,000 environ le nombre actuel des propriétaires.

L'imposition foncière peut ici être envisagée sous deux aspects, suivant qu'elle comprend des propriétaires de maisons, ou des propriétaires-ruraux proprement dits. Cette distinction offre cependant peu d'intérêt. La statistique générale de 1840 porte, par exemple, le nombre des propriétés bâties à 6,863,556, soit 6,776,382 propriétés imposables. D'où suivrait que le nombre des cotes foncières proprement dites, et, abstraction faite du bâtiment, serait de 4,169,837. Mais il est fort rare que la posses-

----

(1) L'on a peine à comprendre que les statistiques officielles, ces travaux exécutés à grands frais sur une échelle fort étendue, et qui abondent du reste en détails, en tableaux d'un médiocre intérêt, ne fournissent à cet égard aucune lumière. Serait-il donc si difficile d'avoir des résultats précis, en assujettissant, par exemple, le percepteur local à fournir des états donnant le relevé de la répartition des cotes par tête? L'administration départementale réunirait ces états locaux, et l'administration centrale, en faisant une fois tous les dix ans le dépouillement de ce travail, obtiendrait là dessus des données certaines. — A quoi sert donc le luxe des ad—ministrations centrales, s'il ne doit pas servir à coordonner, à élucider un peu tout ce qui est aujourd'hui dans l'ombre et qu'on aurait tant intérêt à connaître dans les régions mêmes du pouvoir? L'on se ferait difficilement l'idée de ce que la statistique officielle présente de lacunes sur une foule de points importants, alors qu'elle abonde, d'autre part, en détails d'un mince intérêt.

sion du sol n'implique pas l'existence d'un ou plusieurs bâtiments d'exploitation, ou destinés au logement du propriétaire. Il arrive même fréquemment que le même individu possède maison de ville et immeuble rural. Il n'y a donc pas à se préoccuper ici, nous le répétons, de la distinction faite entre les cotes foncières proprement dites et celles relatives au bâtiment. Le bâtiment, c'est fort souvent l'accessoire obligé du champ de blé, de vignes, de futaies. Le caractère saillant, au surplus, de la propriété en France, ainsi qu'on le verra plus loin, c'est qu'elle constitue une richesse *mixte* et qui, prenant son point d'appui dans le sol, étend insensiblement ses rameaux dans le commerce, les arts et l'industrie.

C'est cette remarquable constitution de la richesse agricole qui fait des hommes du sol les plus sûrs interprètes des besoins généraux du pays. — Cela observé, pour jeter quelque lumière sur les chiffres qui précèdent, nous revenons à l'objet de cet exposé.

De 1815 à 1840 le nombre des cotes s'est, on le voit, accru d'un douzième. Ce résultat est grave lorsqu'on remarque la rapide extension qu'avait prise, en fort peu de temps, originairement, le fait de la division des héritages.

Le tableau suivant peut, du reste, servir à aire voir quelles sont, en général, les tendances auxquelles obéit dans ces derniers temps la propriété foncière.—Nous ferons seulement observer que le mouvement est loin d'être uniforme et de présenter partout le même caractère. Il est des contrées où la grande propriété prend de plus en plus de l'extension ; ailleurs, au contraire, c'est le fractionnement, la constitution parcellaire qui domine. Tout ce que l'on peut faire, c'est, en généralisant, de déduire des moyennes assez exactes accusant en somme telle ou telle tendance.

Nombre total des cotes en 1826. . 10,296,693
d°   en 1835. . 10,893,528
Différence : 596,835.

COTES MINIMES.

En 1826.		En 1835.	
Au-dessous		Au-dessous	
de 20	fr. 7,998,939	de 5	fr. 5,205,411
de 20 à 30	700,336	de 5 à 10	1,751,994
de 30 à 50	662,721	de 10 à 20	1,514,251
de 50 à 100	522,149	de 20 à 30	739,206
		de 30 à 50	684,165
		de 50 à 100	553,230
Total	9,884,145	Total	10,448,257

COTES MOYENNES.

1826		1835	
Cotes de 100 à 300. .	322,659	Dito. . .	341,159
d° de 300 à 500. .	49,696	d°. . .	57,555
Total. .	372,355	Total. .	398,714

FORTES COTES OU GRANDE CULTURE.

	1826		1835
Cotes de 500 à 1000.	28,660	Dito. .	33,196
d° de 1000 et au-dessus.	11,533	d°. .	13,361
	Total. . 40,193		Total. . 46,557

Il ressort clairement de ce tableau, lorsqu'on l'examine avec attention, que la propriété est sollicitée chez nous, depuis vingt ans surtout, par une double tendance. Le nombre des cotes minimes, qui était à la masse comme 9 est à 10, augmente en effet chaque jour, pendant que les grandes possessions se multiplient. Ce dernier phénomène, dans un milieu économique où tout est constitué en vue de la richesse acquise, ne saurait surprendre : mais ce qui est grave, et ce que M. H. Passy a vainement essayé de contester en 1839, c'est le progrès en sens inverse, le morcellement de plus en plus intense (1). Il y a là, nous le répétons, une double action exercée sur le sol et dont la marche, les effets doivent être soigneusement analysés.

L'augmentation totale est ici, on le voit, de 596,835 articles, chiffre qui équivaut au dix-septième de la masse ; les petites cotes figurent

---

(1) V. l'*Appendice*, § II, *Notes et développements*, lettre *b*.

dans cet accroissement pour les 17/18mes, soit ensemble 564,112.

Ainsi, dans un pays où déjà le nombre des contributions n'excédant pas 50 francs est à la masse entière comme 9 est à 10, la tendance du capital foncier à se constituer *par en bas* est à ce point constante que les cotes minimes nouvelles absorbent la plus grande partie de l'augmentation survenue en moins de dix ans. — Ce fait, qui ne saurait être envisagé isolément, reçoit de ce qui se passe ailleurs son véritable commentaire.

De quelque manière, en effet, que se produise l'accroissement des petites cotes, que cette augmentation procède par voie de nouvelles constructions, d'établissements, d'usines qui se créent, ou bien que cette particularité résulte de la division naturelle des héritages, il n'est personne qui osât affirmer que c'est là de nos jours un signe de prospérité croissante. Peut-être, au contraire, serait-il plus raisonnable de voir dans ces accroissements successifs la marque d'une lente décomposition qui s'opère sur d'autres points.

Pourquoi, par exemple, ce fait si grave de l'augmentation incessante du nombre des petites cotes foncières ne signifierait-il pas uniquement qu'il n'y a de nos jours place dans le sol que pour *deux maîtres* : d'une part, le cultivateur, qui se retourne courageusement du côté de la corvée, — de l'autre, le gros capitaliste, créancier, possesseur de terres, etc., toujours prêt du reste à s'indemniser par la spéculation de la médiocrité des produits agricoles? —Dans ce système, c'est comme un grand partage qui s'opère incessamment entre le travail, que représente de plus en plus le mince possesseur parcellaire, et la toute-puissante aristocratie de nos jours, prenant partout, à défaut d'investiture générale, de fortes positions (1).

Quant à la moyenne propriété, en qui ne se personnifient exactement ni le capital, ni le

---

(1) Le livre de M. Rubichon sur *la Société* en France, en Angleterre, contient à cet égard de précieux aveux. Si l'on pouvait encore douter que l'aristocratie se fût reconstituée de nos jours plus forte, plus redoutable qu'auparavant, soit par la manipulation des grandes entreprises, soit par les largesses dont la monarchie se montra prodigue, les lignes suivantes suffiraient pour dissiper à cet égard toute incertitude. Après avoir dit que le clergé, la noblesse se sont insensiblement reconstitués *par l'économie*, en se tenant *à l'écart*, l'écrivain monarchique ajoute :

« L'intérieur de la France offre ce spectacle assez moral, c'est que les *confiscateurs et les spoliateurs* ont fini par être *beaucoup plus pauvres, et leurs victimes beaucoup plus riches.* »

La raison de cela est simple. Le milliard de l'indemnité et la dette énorme créée par la Restauration dans un intérêt politique sont venus reprendre au pays dix fois plus que l'émigration n'avait perdu originairement.

travail agricole proprement dit, comme elle n'a pas de raison d'être, elle sera comme si elle n'existait pas dans ce nouvel aménagement de la richesse foncière, et tendra dès lors à disparaître. — Nous nous sommes jusqu'ici placé au point de vue purement hypothétique ; le moment est venu de voir si cela n'a pas un sens trop réel.

Lorsque c'est le nombre des petites cotes qui s'accroît, l'on a pu douter jusqu'à certain point que le nombre *des contribuables* fût augmenté en proportion ; le même individu est en effet souvent imposé pour plusieurs petites cotes de 5 ou de 10 fr., dans des communes limitrophes, par exemple ; mais lorsque l'accroissement se produit dans la région tout à fait supérieure ; lorsque ce sont, par exemple, les cotes de 500, de 1000 francs et au-dessus qui croissent en nombre, le doute alors n'est guère plus permis. Plus, en effet, le chiffre de la contribution s'élève, *moins* on peut supposer que la même personne réunit sur sa tête *plusieurs de ces fortes impositions*. Cela arrive, mais ces cas forment en somme l'exception.

Lors donc qu'on voit augmenter dans une certaine mesure *le nombre* des plus fortes cotes, l'on peut hardiment conclure à l'extension de *la grande propriété*, ou, ce qui est la même chose, à l'augmentation *du nombre des grands propriétaires*. Or, pendant que la masse des cotes moyennes s'accroît à peine dans la proportion du quatorzième, sait-on ce que devient *le nombre* des plus forts imposés? Il était, en 1826, de 40,000 environ ; il s'est accru de près d'un sixième en moins de dix ans, et dépasse, on l'a vu, 46,000 (1).

Ainsi, d'un côté, accroissement du nombre des cultivateurs qui exploitent avec toute l'âpreté du travail une condition ingrate ; — de l'autre, accroissement du nombre des grands propriétaires qui s'en viennent grossir la phalange de l'aristocratie du sol, étroitement mêlée, associée aux spéculations de haute banque et de grande industrie (2).

---

(1) V. l'*Appendice*, § I, *Docum. statist.*, lettre C.

(2) L'entraînement avec lequel, sous le dernier règne notamment, l'aristocratie s'est précipitée dans le jeu, les spéculations sans fonds et sans issue, a frappé tout le monde. C'est comme le cachet de cette époque féconde en naufrages, en *nobles* exécutions de Bourse. Voici ce qu'on lit aujourd'hui même dans l'*Illustration* sur cet étrange débordement. Il s'agit ici du Luxembourg transformé par la bénignité des temps en palais où le Congrès central d'agriculture tenait séance :

« Avant 1848, il est le siége d'une assemblée *de sages* qui fournissent des répondants à la commandite des entreprises financières, qui s'associent avec une prudence acquise, *dit-on*, dans la pratique des grandes affaires, à tout ce que *le règne a de plus outré*, et qui tombent avec *le règne*, à force de tirer sur une corde *usée...* » (10 mars 1850.)

Placée entre deux forces contraires, l'on comprend ce que doit devenir la moyenne propriété. Comment résister à ce double courant qui pousse violemment vers le travail le plus ingrat ceux que ne protège pas la toute-puissance des capitaux ? Aussi, dans ces régions moyennes, la force tourbillonne, elle brille un moment aux regards, mais elle ne se constitue pas, elle ne se fixe pas. Vainement elle tente de se refaire par les mariages, les profits de l'industrie : elle n'a qu'une durée, une vie éphémères. Si l'on voulait vérifier pour quelques années seulement les sommiers de la saisie immobilière, l'on verrait que c'est surtout la classe moyenne proprement dite qui paie le plus fort tribut à l'expropriation. Tout ce qui ne tombe pas alors dans les mains de la petite culture s'en vient arrondir quelque fort domaine, et profite à la cause de la grande propriété, que tout soutient et protége exclusivement dans l'ordre économique.

Ainsi, en résumé :

Le sol obéissant par dix-sept dix-huitièmes, en suite de l'immense pression qui pèse sur le travail agricole, à la loi du fractionnement infime ;

La grande propriété recueillant au passage tout ce que le nouveau serf de la glèbe laisse échapper ;

Tels sont les points extrêmes d'une situation qui exclut tout moyen terme (1).

Cela étant, que devient, nous le demandons, le fait de l'appropriation tel que l'avait compris, restauré, en quelque sorte, la Révolution de 89 ? Comment reconnaître dans ces hommes qui ne restent en possession de leur champ qu'en pratiquant outre mesure la loi du sacrifice, comment reconnaître les fils de ceux que le droit de propriété, confiant dans l'efficacité du travail, venait émanciper ?

Non, il ne reste plus à ce compte de l'œuvre des anciens temps qu'une date, un droit méconnu, mutilé. Ce n'est pas seulement, en effet, la richesse de la classe moyenne qui tombe et qui s'en va : c'est la cause du travail agricole qui est opprimée.

Voilà comment le fractionnement, poussé aux dernières limites, c'est l'aveu, c'est la marque d'un régime débilitant, ruineux pour l'homme, ruineux pour le sol. Qu'y a-t-il dès lors d'étonnant qu'il réponde à un état précaire qui forme comme la condition commune des cultivateurs ? — Ces deux faits sont corrélatifs : l'un explique l'autre, il le suppose, on peut dire, et il ne reste plus qu'à en préciser les conséquences immédiates.

---

(1) V. l'*Appendice*, § I, *Docum. statist.*, lettre D.

SECTION III.

CONSÉQUENCES GÉNÉRALES.

§ Ier.

Puissance productive du sol.

La terre produit sans doute davantage qu'il y a soixante ans ; le travail individuel a fécondé les champs que l'orgueil des possesseurs de fiefs laissait incultes et sans valeur. Mais si le progrès est aussi marqué, aussi fécond en grands résultats qu'on veut bien le dire, comment se fait-il que le chiffre des subsistances soit notablement insuffisant ? D'où vient, par exemple, que le *froment*, la *viande*, au lieu de former la base de l'alimentation dans une sage mesure, entrent beaucoup moins qu'auparavant, on l'a pu voir, dans le chiffre des consommations ? Cela est aujourd'hui constant, et l'observation en a été inutilement faite depuis quarante ans. Le chiffre de la viande consommée avant 89 était de 80 livres ; il est de nos jours réduit à 40. L'on cite des départements où la consommation est encore au-dessous de ce chiffre minime (1).

---

(1) On lit dans le *Journal des Débats*, au sujet du

Tout cela tient évidemment à l'état stationnaire ou peu s'en faut de la production, pendant que d'autre part les besoins augmentent. C'est ainsi qu'en 1840 nous possédons 51 millions de têtes d'animaux, chiffre qui rappelle les provenances de 1812, au cinquantième près.—Ainsi, accroissement d'un million d'articles sur 50, alors que la population s'accroît d'un quart; voilà ce qui ressort de certains états comparatifs.

Enfin, l'on calcule, il y a soixante ans, que la semence en céréales donne plus de 6 pour 1. — Aujourd'hui, c'est à peine si l'on constate

---

relevé du commerce anglais pendant l'année 1848:

« La quantité de nourriture animale que reçoit l'Angleterre est énorme *depuis le nouveau régime des douanes...*

« Au sujet *de la viande*, il y a lieu à la même observation que nous avons présentée pour le blé. L'Angleterre nous achète *une assez grande quantité de bétail sur pied.* C'est tant mieux pour nos éleveurs de Normandie. Mais puisqu'on laisse la porte ouverte *à la sortie*, ne sera-t-il pas nécessaire aussi de *l'ouvrir à l'entrée.* Il faut bien que les Français *se nourrissent.*

« Il y a dix ans nous ne vendions pas *une tête de bétail* à l'Angleterre, le tarif anglais s'y opposait. Maintenant, d'après le tableau du commerce français de 1848, la consommation anglaise nous enlève 7877 bœufs, 3770 vaches, 1824 veaux, sans compter quelques centaines de bouvillons, de génisses et 18965 moutons. C'est une perte qui ne laisse pas que d'être notable *dans un État où la viande est loin d'être abondante.* » (1er mai 1850.)

le même produit en moyenne, alors que l'Angleterre obtient généralement 9 pour 1. — Où donc serait encore ici l'extension marquée de la richesse générale ? Cet état de choses est d'autant plus digne d'attention que, de nos jours, la population rurale s'est accrue d'un tiers environ, et qu'ainsi de nouvelles forces sont appliquées à l'agriculture, suivant la remarque de M. Ch. Dupin, sans parler des ressources qu'a dû procurer le défrichement.

§ II.

Sort des populations. — Bien-être individuel.

Un pays qui manque généralement de substance alimentaire ne connaît pas le bien-être. La première loi, dans l'état de société, c'est que les hommes qui sont ainsi réunis dans une sorte de solidarité de sentiments et de besoins puissent vivre et se suffire.

« La force d'un empire, dit en 1833 l'auteur déjà cité du *Mécanisme de la société en France, en Angleterre*, dépend, non de la *quantité* de ses habitants, mais de celle *de ses subsistances.* »

Or, il est certain que le plus grand nombre des producteurs agricoles, semblables en cela aux producteurs de l'industrie, se voit forcé de vendre la plupart des fruits qu'il a fait naî-

tre et qui devraient alimenter des forces constamment éprouvées par le travail.

Le paysan, le cultivateur proprement dit, vit
mal... cela est reconnu de tout le monde. Semblable à l'ouvrier des villes, il se prive de tout et
mène une vie misérable. C'est ainsi, par exemple, qu'il lui arrive de consommer un mauvais breuvage, après s'être épuisé à travailler
dès avant le jour. — Celui qui se condamne
à ce régime possède pourtant un peu de vigne,
il récolte du vin ; mais il réserve ce produit
pour d'autres et se hâte de jeter l'eau à pleins
seaux sur le marc du raisin pour traverser l'hiver, joindre la canicule et fouler de nouvelle
vendange. S'il sort quelquefois de ces habitudes et boit du vin, c'est dans les grands jours
de rude corvée, quand le ciel est en feu et que
la sueur sort par tous les pores. — A part
ces rares exigences du travail, le corps s'alimente, se soutient, se couvre comme il peut,
et la privation est l'éternelle compagne de ce
travailleur que rien ne rebute.

Aussi, la consommation en viande n'est-elle
nulle part aussi restreinte, aussi chétive qu'en
France. D'où cela vient-il ? que prouve ce fait,
sinon que la place n'est tenable pour la petite
propriété qu'au prix des plus grands sacrifices
et du travail le plus ardu ?

Les générations, prenant en dégoût ce dur

servage, demandent à l'industrie une existence moins abrutissante ; de là vient que le prolétariat va se recrutant, et que le sang des populations s'altère.

§ III.

Mouvement de la population. — Dépérissement constant.

L'on estimait autrefois et l'on remarque même au début de ce siècle que le chiffre de la population augmentait de 9 à 10 pour 100 tous les dix ans. Aujourd'hui ce chiffre est tombé au-dessous de 6. Un écrivain qui est certes fort loin d'envisager l'époque actuelle sous un jour défavorable, M. Milleret, porte l'accroissement total de 1816 à 1836 à 5, 87. (*La France depuis 1830.*)

En Angleterre, la proportion ancienne s'est élevée de 9 pour 100 à 15 et 16 pour 100 tous les dix ans. Ainsi, en moins de soixante ans, le chiffre de la population dans la Grande-Bretagne s'élève de 11 millions à 27 millions d'âmes. — C'est ce qui résulte du dernier recensement effectué en 1841.

La population, remarque à ce sujet M. Schnitzler, est en France de 65 habitants par kilomètre carré; ce chiffre est de 85 en

Angleterre ; il est encore supérieur en Saxe. En conséquence, M. Charles Dupin calcule que le chiffre de la population double en 42 ans dans la Grande-Bretagne, tandis qu'en France il faudrait 105 ans !... La densité de population prouve que les subsistances abondent ; et le chiffre élevé des subsistances atteste, d'autre part, l'état florissant de l'agriculture ; rien ne prouve mieux qu'elle est en progrès. — Or, comme en France *la petite propriété* forme la condition, l'apanage en quelque sorte du grand nombre, la mauvaise alimentation des masses est le signe éclatant de l'appauvrissement des campagnes ; c'est ainsi que le chiffre de la population s'accroît avec une visible lenteur. Ce n'est pas tout ; — la santé générale ne saurait manquer d'être atteinte dans ce système ; aussi les conseils de recrutement retentissent-ils chaque année de plaintes nombreuses par suite des réformes qu'on est forcé d'opérer :

« La Seine-Inférieure, dit M. de Tapiès, avait en 1857 à fournir 1,609 hommes, il a fallu en *réformer* 2,044. Pour avoir 100 hommes valides il a fallu dans le Gard en repousser 147. » (1)

Ainsi, c'est le dépérissement de l'espèce, l'appauvrissement du sang qu'on retrouve au

______

(1) *La France et l'Angleterre*, 1845.

fond de ce système débilitant; — et cela, alors que la terre est fertile, rudement travaillée, la production agricole constituant au surplus la principale richesse du pays. Comment se fait-il dès lors que tout périclite, que le physique de l'individu s'altère, que partout, aux champs, dans l'atelier, dans la bourgeoisie et dans le prolétariat, qui recrute incessamment, tout relève de la parcimonie et du besoin, de la déchéance physique et morale ?

Sans doute qu'une loi inintelligente qui dessèche le fruit dans son germe condamne à l'impuissance l'armée des producteurs.

§ IV.

Richesse publique.

Dans un pays où la propriété ne serait pas abusivement pressurée par l'impôt, le trop-plein de la production, en supposant qu'elle déborde, trouverait au dehors de nombreuses et faciles issues. Les nations se touchent, non pour s'entrechoquer, mais pour se venir en aide et se suffire. Examinons dès lors ce que devient chez nous l'excès de richesse intérieure; voyons surtout ce qui se passe ailleurs au sujet des exportations.

Plus un pays consomme, plus il encourage

par cela même la production ; plus le marché intérieur a d'activité, plus il sollicite et provoque l'échange avec le dehors. C'est ainsi que s'accroît le chiffre des exportations en retour des denrées, des matières premières qui arrivent de divers points.

Le marché intérieur ne peut prendre quelque extension sans créer par la force des choses un de ces immenses courants de peuple à peuple qui sont pour les nations la vie, la santé.

En France, le chiffre de la production agricole brute ne dépasse guère 6 milliards ; MM. Schnitzler, Charles Dupin, etc., l'évaluent même quelque peu au-dessous. L'Angleterre, avec 24 millions d'hectares cultivés au lieu des 49 que la France possède, et dont plus de 25 millions sont en terres labourables, l'Angleterre élève le chiffre de sa production brute au-dessus de 6 milliards.

Quant à la production industrielle, ceux qui seraient le plus disposés à exagérer son importance ne l'évaluent pas en France au delà de 3 milliards. Or, la Grande-Bretagne obtient, suivant M. Porter, plus du double de ce chiffre. Et cela avec une population, un territoire infiniment moindres.

Voici, du reste, ce qu'on remarque dans le mouvement des exportations de divers pays :

« Si nous comparons, dit M. Guillaume-Tell Poussin, ancien ministre de France aux Etats-Unis, la situation commerciale de l'Angleterre, de la France, des Etats-Unis, par rapport au chiffre de leurs exportations sur des nationaux, voici ce que nous constatons :

« En 1831, l'effectif de la marine anglaise était représenté par. . . . . 2,300,731 tonn.

« Celui de la France, par. 326,253

« Celui des Etats-Unis, par. . . . 972,504

Total des exportations. . . . 3,509,488 tonn.

« En 1840, ces mêmes exportations sont pour l'Angleterre sur bâtiments nationaux de 3,292,984 tonn.

« Pour la France, de. 455,333

« Pour les Etats-Unis, de. . . . 1,647,009

Total. . . . . . . 5,395,326 tonn.

« Accroissement général pendant 10 ans : 1,796,828 tonnes. — La Grande-Bretagne participe à cette augmentation à raison de 55 0/0; l'Amérique à raison de 37 0/0, et la France à concurrence de 7 0/0 seulement ! (1) »

Voilà quel est le développement de la richesse internationale dans un pays en possession de tous les genres d'aptitude et dont le sol fertile est *généralement cultivé.*

Nous voudrions que sans déclamation vaine

---

(1) *De la puissance américaine,* par M. Guillaume-Tell Poussin, ministre plénipotentiaire de France aux Etats-Unis. Paris, 1848. — L'auteur, après un séjour de vingt ans au sein de l'Union-Américaine, était plus propre que personne à fournir sur ce peuple des notions qui se recommandent par une grande exactitude.

quelqu'un voulût bien expliquer cela à l'honneur du système économique actuel.

« *L'industrie agricole*, remarque M. G.-Tell Poussin, a servi de *point de départ* à la nationalité américaine, et constitue encore aujourd'hui *sa première, sa plus importante richesse...* Doué de cette énergie de caractère, et avec ces principes de liberté, de sécurité individuelles, doit-on s'étonner que le peuple américain ait donné *un si grand développement aux intérêts agricoles dans le but de leur assurer* UNE PRÉPONDÉRANCE MARQUÉE SUR TOUTES LES AUTRES INDUSTRIES ? »

L'on suit chez nous une route opposée.

En 1824, alors qu'il s'agissait de la réduction du taux de la rente, mesure si favorable aux intérêts de l'agriculture, voici comment Jacques Laffitte appréciait l'état comparatif de l'Angleterre et de la France; rien ne fait mieux ressortir les vices du système qui a jusqu'ici prévalu :

« Nous parlons tous les jours de nos voisins les Anglais avec admiration; nous nous extasions sur leurs 3 milliards d'exportation, et nous faisons une triste comparaison avec nous-mêmes, qui exportons à peine 800 millions ! — Eh bien ! leur commerce extérieur était, *il y a un demi-siècle*, à peu près au même point *que le nôtre;* et c'est dans ce court espace de temps que la différence est devenue si grande.

« Je sais la part qu'il faut faire aux événements politiques, mais croit-on que, pour arriver à ce résultat, l'Angleterre ait commencé par chercher exclusivement *des débouchés extérieurs ?* Non, sans doute ; elle a surtout cherché à se donner une base *bien plus solide que celle que nous supposons à sa richesse;* elle a com-

mencé par mettre TOUT SON SOL EN VALEUR. La surface
qu'elle occupe est géographiquement *bien inférieure* à
la nôtre ; mais ce n'est pas la surface géographique qui
doit compter, car d'après ce principe la Russie serait à
elle seule plus riche que toute l'Europe ensemble :
c'est la surface utilisée. Sous ce rapport, l'Angleterre
est dix fois plus grande que la France. Elle a excavé
son sol, fouillé dans ses entrailles, tout mis en valeur ;
et, sur un territoire *la moitié moins grand que le nôtre*,
elle a creusé pour vingt fois plus de canaux que nous.
— On pense, en effet, que nous n'avons que la 20ᵉ
partie des canaux qu'elle possède sur le même espace
donné (1). Elle a donc fait reposer sa prospérité sur
une base bien plus solide qu'on ne le croit en Europe ;
et Pitt a pu dire à la tribune en présence des Anglais
les plus éclairés, et sans être contredit, que le commerce
de la Grande-Bretagne était à son commerce extérieur
comme 32 : 1.

« C'est donc *dans son propre sein*, en répandant le
travail partout, que l'Angleterre a cherché sa fortune.
APRÈS CELA, ELLE A PRIS SON ESSOR A L'EXTÉRIEUR ; et
dans l'intervalle de 40 à 50 années, elle nous a dépassés
de la différence de 8 milliards à 800 millions. » (2)

C'est pour avoir négligé ces vues, c'est pour
avoir épuisé incessamment la terre par l'impôt, c'est parce que l'on donna par le jeu de
Bourse la plus fatale direction aux capitaux

---

(1) M. Rubichon écrit en 1833 que le chiffre des voies
de communication est de 75 pour l'Angleterre et seulement de 36 pour le France. — En 1844, il existait
2,434 kilom. de chemins de fer ouverts à la circulation
en Angleterre, pendant que la France comptait à peine
la moitié de ce chiffre !...

(2) *De la réduction des rentes*, 1824. — Jacques
Laffitte.

mobiliers , que l'on est aujourd'hui en présence de résultats qui s'éloignent si manifestement d'un tel état de choses. — L'on avait dans la main un sol riche, fertile entre tous, une population active, intelligente, une légion de travailleurs que la Révolution avait noblement intéressés à la prospérité publique en les attachant au sol ; si tout cela donne en fin de compte des résultats médiocres, si le pays s'énerve au lieu de se fortifier, c'est que son premier, son plus grand intérêt, l'agriculture, fut invariablement sacrifié à d'autres calculs.

Là seulement, là est la cause de cette infériorité relative, de ce malaise, de ce dénûment profonds.

Sacrifier la cause du grand nombre, c'est affaiblir le corps social tout entier. Ce qui serait une force devient alors un agent de décomposition, d'atonie. L'on ne blesse pas impunément les intérêts d'une population qui est à tout le reste comme 25 : 10, et qui est dépositaire d'un capital dont l'importance est à la richesse industrielle comme 6 : 2 (1).

-----

(1) « La France, dit M. Schnitzler, est *avant tout* un pays agricole ; c'est notre sol fertile et fécondé *par le travail* qui est notre *principale source* de richesse. »

Lorsqu'on méconnait ouvertement de telles vérités, *l'on fait des pauvres,* car on met à la place de la richesse détruite — LE BESOIN.

L'état précaire des neuf dixièmes de la propriété foncière, attesté par la marche du morcellement, a réagi sur tout le reste ; il en devait être ainsi. Ne dirait-on pas d'un immense courant qui pousse les populations vers la misère au lieu de les entraîner vers le travail rémunéré, encouragé, et qui féconde tout ce qu'il touche ? Les grandes causes déterminent toujours, dans un sens ou dans l'autre, de grands mouvements. Ce qui ne peut être richesse devient alors misère, et réciproquement. C'est ainsi, par exemple, qu'il a fallu 500,000 hommes pour contenir des populations qu'on ne sait comment faire vivre. Là où le dénûment est le lot du grand nombre, rien de plus difficile à établir que la sécurité, car le lendemain c'est L'ENNEMI.

La Révolution de 89, par un meilleur aménagement des forces, des richesses, et en renouvelant, pour ainsi parler, l'outillage, avait fait la France puissante ; chacun dût compter alors sur le développement d'immenses ressources : — il n'y avait qu'à abonder franchement dans cette voie si franchement ouverte.

Comment n'a-t-on pas vu cela, comment ne l'a-t-on pas compris ?

L'heure venue, il semble que ceux qui pouvaient rendre de plus en plus fertile le sol de la patrie aient reculé volontairement devant cette noble tâche. L'on a préféré courir tous les hasards de la fortune, et c'est ainsi que pendant trente ans l'on a enfoui *dans les sables mouvants de la Bourse* d'immenses capitaux (1). La propriété foncière s'est par suite épuisée dans de pénibles enfantements. Il semble que quelques hommes, dans leur aveuglement, aient voulu faire expier au présent ce qu'ils appellent sans doute les hardiesses de la première Révolution :

« Garde la terre, a-t-on dit à 5 millions de propriétaires, reste en possession de ton champ, puisqu'ainsi l'ont voulu les révolutions ; mais garde avec le sol ta misère. Comme toujours, plus qu'auparavant, ce sera le servage de la glèbe, car la propriété attache, et comme elle est débile, insuffisante, elle fera le tourment de son nouveau maître. — A nous les capitaux et leur puissance redoutable, à nous le champ bien autrement vaste des grandes entreprises ; la vie et la force seront là désormais, et la propriété comptera désormais pour peu de chose. »

Si ce n'est là le langage qui a été tenu, les faits sont venus lui donner un énergique commen-

---

(1) Expressions de M. Pougeard, auteur, en 1842, d'un travail sur le *Régime hypothécaire*. M. Pougeard est aujourd'hui représentant du peuple.

taire. C'est ainsi que furent battus en brèche les ouvrages avancés de 89. — Voilà comment l'égoïsme et l'inintelligente complicité des gouvernants ont fait sortir du bien le mal.

Pour quiconque a pu mesurer l'influence des tributs et du prix des capitaux sur la richesse, il n'est pas douteux que ces deux causes n'aient agi profondément chez nous sur le sol, alors qu'elles faisaient d'autre part à l'industrie le sort le plus misérable.

Le moment est venu de le faire voir.

[illegible]

CHAPITRE III.

CAUSES ACTIVES DE DISSOLUTION.

De l'impôt et du crédit dans leur rapport avec la richesse immobilière.

SECTION Ire.

LE SOL ET L'IMPOT.

Si quelque chose eût pu atténuer l'effet d'un statut successoral qui agit dans le sens de la division constante des héritages ; si quelque chose eût pu réagir au profit du travail agricole, c'eût été la direction intelligente donnée aux capitaux mobiliers par l'impôt et le crédit.

La propriété, démocratisée en 89, attendait son salut et sa force de l'impulsion qui serait donnée aux affaires, c'est-à-dire au travail. Or, là où le travail est fatalement surtaxé, les affaires prennent peu ou point d'essor, et tout périclite. En Angleterre, où la grande propriété régnait en souveraine, la situation fut ainsi comprise à une époque dont l'histoire a marqué tous les accidents. Comment dès lors songea-t-on à tenir chez nous envers la petite culture une autre conduite? Plus la force est limitée, plus court est le levier, plus on doit s'attacher à lui donner, par des moyens artificiels, la puissance qui lui manque ; plus l'impôt et le crédit doivent frapper modérément le sol et tout ce qui en vient.

Ainsi raisonnait William Pitt dans un moment où il s'agissait de demander beaucoup au capital immobilier de la Grande - Bretagne. Dans ce pays, la propriété foncière fut bientôt en mesure, par l'usage du crédit en banque, de soutenir, au milieu des plus rudes épreuves, la politique du pouvoir central. De ce jour date, au surplus, l'immense développement des ressources intérieures du Royaume-Uni. Cette époque est marquée par un accroissement de richesse telle qu'elle fut appelée, non sans raison, l'âge d'or de l'Angleterre : *the Golden year* (1).

Les choses, depuis cinquante ans, ont pris chez nous un autre cours, elles obéissent à des lois bien différentes.

Non-seulement le pays *vit comme il peut* sur les conquêtes d'une autre époque ; mais l'im-

______

(4) Bailly. — *Finances du Royaume-Uni.*

pôt, mais l'action dévorante du crédit public se sont attachés à épuiser le sol, à lui ravir ses capitaux disponibles, sa substance, loin de lui venir en aide. L'agiotage sur les fonds publics et sur toutes sortes de valeurs a fait à la propriété foncière, c'est-à-dire à 25 millions de contribuables et de travailleurs, la plus cruelle *concurrence* (1) ; les taxes, les tarifs en tout genre sont venus successivement s'abattre sur le propriétaire foncier, sur le consommateur *qui vit du sol*, et cela pour alimenter le Grand-Livre, en donnant une sorte de prime aux emprunts publics. C'est ainsi qu'on faisait à la plus importante richesse du pays une guerre désastreuse. — Cette guerre, en effet, par les sacrifices que supporte l'agriculture, et par la destination donnée à l'impôt, fut fatale au détenteur du sol, aujourd'hui aux prises avec une liquidation désastreuse.

§ 1ᵉʳ.

Comment et dans quelle mesure l'impôt frappe le sol.

« Les impôts sur les consommations, dit Nec-

---

(1) V. l'*Appendice*, § II, *Notes et développements*, lettre c.

ker, ne sont en général qu'une RÉPÉTITION des impôts *sur les productions*. Il est égal au consommateur que le prix d'une denrée soit renchéri par l'impôt payé *lors* de sa production ou par l'impôt qu'on lui demande *lorsqu'il achète cette denrée.* »

Il ajoute, comme pour compléter sa pensée :

« Je connais bien cette proposition qu'en dernière analyse tous les impôts, de quelque manière qu'on les modifie, retombent *sur les productions de la terre*, cette origine première de tous les biens (1). »

(1) La terre, comme l'usine ou la boutique, est un instrument qui n'a de puissance et de valeur que par l'effet du travail qu'on y applique. Quelque classement qu'on fasse de l'impôt et quelles que soient les distinctions dans lesquelles on se jette, frapper de taxes successives, dans le sol et dans l'industrie, les divers agens de production, et cela au moyen de l'imposition *directe-indirecte*, c'est atteindre partout et toujours le travail humain, car tout vient de là. C'est ainsi qu'à l'aide d'un pur artifice, le rôle foncier, le rôle des patentes, les tarifs de la douane comme ceux de l'octroi, du timbre, des brevets d'invention, grèvent le travail de taxes triples, quadruples et par fois décuples.

Pour avoir quelque idée de l'impôt dans l'immense atelier du sol, il faut faire comme un recensement général des forces; c'est ainsi seulement que l'on peut apprécier le rôle des diverses taxes, c'est-à-dire dans quelle mesure le travail *contribue* et ce que ce même travail obtient en retour. Dans ce système l'impôt foncier ce n'est plus seulement le tribut annuel acquitté par le détenteur du sol, eu égard à l'importance présu-

L'on comprend quelle doit être la portée de ce fait économique dans un pays où non-seulement l'agriculture forme *la principale source de richesse*, mais où la population des campagnes est à tout le reste comme 3 : 1. — Se fait-on bien l'idée, à ce point de vue, du rôle que joue la consommation et de l'importance qu'elle acquiert ? Comprend-on surtout de quel poids doit peser sur le capital immobilier du pays l'impôt dit *de consommation* (1), assorti d'un système d'imposition foncière suffisamment lourd ?

C'est là qu'il faut enfin porter ses regards.

La Restauration, en seize ans de règne, fit

---

mée du revenu, mais c'est ce que *l'atelier agricole,* — Capital et Travail, instrument de culture et population, — paie au fisc.

.Sans doute à ce compte la part des campagnes sera immense dans un pays où le produit de la terre joue, de l'aveu de tous, le principal rôle ; mais puisqu'on reconnaît que *tout vient de là* en quelque sorte, il convient de voir ce que reçoit la puissance qui supporte ainsi les plus lourdes charges. Cela ne peut être connu, apprécié qu'en ramenant l'impôt à l'*unité* d'action sinon de type, c'est-à-dire en prenant pour base la *population* du milieu sur lequel on opère.

(1) Ou mieux, impôt *contre* la consommation, pour parler comme M. de Girardin.

« Les impôts sur *les productions,* avait dit le célèbre auteur du *Compte-rendu,* sont une *avance* demandée aux propriétaires ; les droits sur les consommations sont une RESTRICTION ordonnée *dans les dépenses.* » (1784. — *Traité de l'administration des finances.*)

5

une recette générale qui, si on laisse de côté l'exercice de 1814, dépasse 16 milliards. Cela représente, en moyenne, une dépense annuelle d'un peu plus de 1 milliard.

La famille d'Orléans a de son côté régné dix-sept ans. Le Trésor encaisse durant cette période près de 22 milliards, qui donnent dans le chapitre des dépenses une moyenne d'environ 1,300 millions par an.

Les budgets de la branche aînée n'ayant guère à cette heure qu'un intérêt historique, et le système des monarchies se touchant, du reste, par une foule de points qui ne permettent d'établir entre elles aucune distinction sérieuse, je m'attacherai aux détails financiers d'un règne dont les traditions sont encore fort en faveur.

Voici quelle était la part du Sol dans ce tribut de 1,300 millions :

1° Les contributions foncière, personnelle et mobilière, des portes et fenêtres, formaient une imposition totale de 376 millions. Tel est le chiffre de 1847 pour 1848, en principal et centimes additionnels. L'impôt personnel et mobilier entre dans cette somme pour 60 millions; si l'on en déduit les deux cinquièmes, pour opérer eu égard à l'importance de la population agricole il reste une imposition territoriale de 352 millions (1).

Ci. 352,000,000

2° Les ventes d'immeubles, les donations, transmissions immobilières par suite de décès, les baux et antichrèses, les hypothèques représentent pour 1847, année peu favorable aux transactions, un produit net, ou retranchement sur le capital immobilier, de 152 millions dans le service de l'enregistrement. 152,000,000

Le reste des droits de mutation, transmission, etc., s'élève, année commune, à plus de 100 millions, soit 116 millions pour 1847. Le consommateur et le producteur agricole formant plus des 2/3 de la population, cette masse contribue, à due

----

(1) Le personnel de la France agricole est, suivant quelques auteurs, de 26 millions d'habitants ; Mathieu de Dombasle l'évalue, on le sait, à 28 millions. Nous croyons rester dans les limites les plus modérées en fixant tantôt aux 3/5mes, tantôt aux 2/3, aux 3/4 même l'importance de la consommation des campagnes. Les chiffres doivent du reste varier, suivant que tel ou tel article entre plus ou moins dans la consommation des villes ou de la population agricole.

concurrence, pour le paiement de la taxe ; les droits de timbre et de quittance, permis de chasse, etc., rapportent seuls plus de 50 millions. Nous ne compterons néanmoins ici que moitié, soit 60 millions.   60,000,000

3° L'impôt sur les boissons retombe, on peut le dire, presque en entier sur le Sol ; car c'est un moins produit, un retranchement sur le prix d'achat que subit le propriétaire. Cette taxe rapporte en général plus de 100 millions, soit les trois quarts à la charge de l'agriculture, 75 millions.   75,000,000

4° Part proportionnelle contributive dans l'impôt du sel, soit sur 70 millions environ, les 2/3, 46 millions.   46,000,000

5° Droit sur les consommations, telles que sucres, articles importés, le tout eu égard au chiffre de la population agricole, et à l'étendue de sa consommation habituelle. Sur 71 millions de droits acquittés en douane, les trois cinquièmes pour la popula-

tion agricole représentent 42 mil-
lions.   42,000,000

6° TABACS.—Le produit de cette
recette a été en 1848 de 119 millions, soit, tous frais d'achat et de
fabrication déduits, 86 millions.
L'achat de la matière première
française figure dans les 33 millions de dépense pour 8 millions.

De quelque manière qu'on en-
visage la situation, l'intérêt agricole est ici gravement en perte.
Ou l'Etat force le cultivateur à
lui livrer à bas prix une récolte qui vaut réellement sur le
marché 7 et 8 fr. le kilog, au lieu
0, 90 c.; ou l'Etat surtaxe démesurément la consommation ; dans
le premier cas, il y a pour le producteur perte de 10 à 20 millions,
tandis qu'au second cas le tort
éprouvé serait de plus de 80. En
traitant cet impôt comme contribution *directe-indirecte* ; l'on
trouve qu'elle retombe pour 65
millions environ sur la propriété
immobilière (1).   65,000,000

(1) V. l'*Appendice*, § II, notes et dévelop., lettre *d*.

7° POSTES, POUDRES A FEU. — Le produit du transport des dépêches, voyageurs et matières d'or et d'argent, s'est élevé à 52 millions en 1848; sur quoi 35 millions de frais, soit 50 0/0 environ de bénéfice. C'est encore ici une surtaxe établie sur la consommation par le monopole de l'Etat, c'est-à-dire un impôt déguisé qui se réduirait de plus de moitié s'il était livré à l'industrie particulière. La part qui revient à l'agriculture dans cette surtaxe, qui est d'environ 10 millions, peut être fixée à la moitié, soit environ 5 millions.   5,000,000

Les poudres à feu donnent également un bénéfice comparativement énorme. Sur 6,600,000 fr. de recette, la dépense est de 3,500,000 fr., soit 90 pour 100 de bénéfice; part tombant à la charge de l'atelier agricole, 2,700,000 francs.   2,700,000

Maintenant il existe une foule d'autres impôts ou taxes dont le chiffre dépasse 150 millions. Tels sont, sous le nom de *produits di-*

vers, les droits de vérification des poids et mesures, l'article des brevets d'invention, les droits de douanes sur marchandises diverses, produisant avec le plombage 90 millions en somme. Les taxes indirectes atteignent d'autre part et frappent de 40 millions, outre le vin et les liquides, d'autres objets de consomtion ; calculant ici le chiffre de ces tributs, eu égard, comme toujours, au nombre des consommateurs que l'agriculture représente, il est permis de porter à 90 millions, soit aux trois cinquièmes, la part du sol dans ces diverses taxes.   90,000,000

D'où l'on voit que la somme des contributions à la charge du Travail agricole est jusque là de 889 millions en nombres ronds ; ci.   889,000,000

Maintenant, quel est le chiffre que représentent les sacrifices imposés chaque année à l'agriculture par la loi du recrutement ? Pense-t-on qu'un contingent militaire de 80,000 hommes, ou de 70,000 en moyenne, suivant les états officiels, pense-t-on que cet impôt du sang, dont une foule de familles se rachètent périodiquement, ne pèse pas lourdement sur les campagnes ? Necker mettait cela, de même que l'inscription maritime, au rang des plus fortes charges (1).

« Le remplacement, dit à cette occasion le rapport de la commission nommée pour l'organisation de la force publique, fait peser annuellement sur le pays *un impôt énorme* qu'on ne peut évaluer à moins de 45 à 50 millions de francs, et qui se trouve employé *de la plus déplorable manière.* » (Avril 1849.)

Ailleurs, l'on invoque un document officiel de 1843 :

« Le nombre des remplaçants, dit l'organe d'une commission nommée à cette époque, augmente dans une proportion *toujours croissante.* En ce moment plus de *cent mille* se trouvent dans les rangs de l'armée. » (1849. — Extrait du rapport du général Lamoricière.)

Voilà donc 50 millions qui viennent s'ajouter au chiffre général de l'impôt. Il ne s'agit là que des hommes pouvant se rédimer en argent du service militaire. Maintenant le nombre des remplaçants varie chaque année de trente à trente-cinq mille, sur un contingent plus que double. Ce sont dès lors soixante-dix mille hommes arrachés à leurs foyers, et qu'il faut par suite remplacer à prix d'argent dans le Travail

____

(1) *Traité de l'administration des finances,* 1785.

agricole. En portant à 500 francs par tête les gages du journalier, calculés au point de vue de la moins-value du travail et de l'excédant de dépense qu'entraîne ce remploi de main-d'œuvre, l'on voit qu'il y a encore là une dépense de 35 millions environ, soit 25 millions au moins à la charge de la fortune foncière.

Ainsi, le service militaire se résout en une charge annuelle de 55 millions, ce qui porte à 944 millions environ la part contributive du Sol dans le paiement des divers tributs.

C'est ainsi que, pour un exercice qui représente une charge moyenne annuelle de 1,350 millions, en faisant acception du contingent militaire, la part d'imposition du Sol est à l'imposition totale comme 9,44 : 13,50, soit 66 0/0 de la masse.

Ce résultat, lorsqu'on songe que le capital immobilier représente les deux tiers, d'autres disent même les trois quarts de la richesse générale en France, ce résultat n'a rien qui surprenne.

Comment l'Etat parviendrait-il, en effet, à se procurer annuellement 1,400 millions s'il ne s'adressait surtout aux valeurs agricoles, qui forment comme le fonds des échanges et de la consommation ? 6 milliards, tel est, on ne peut le nier, le chiffre de la production des campagnes, tandis que l'industrie atteint à peine, en déduisant les matières premières agricoles, le tiers de ce rendement. Ce n'est pas la rente du Grand-Livre, ce ne sont pas les marchés à terme, les placements industriels, la richesse mobilière en un mot que l'impôt vient atteindre : c'est la valeur produite, c'est le fruit du travail national ; or, en France, pays essentiellement agricole, la valeur produite, c'est, nous le répétons, la richesse provenant du sol.

En raison comme en fait, c'est donc le Sol qui supporte la plus lourde part d'impôts. — Il s'agit maintenant de voir ce que reçoit la terre en échange, et comment les sacrifices qu'elle fait journellement lui ont jusqu'ici profité.

§ II

Comment l'impôt profite au Sol.

> « Les impôts sont dans un État ce que sont les voiles dans un vaisseau pour le conduire, l'assurer, l'amener au port ; non pas pour le charger outre mesure et finalement le submerger. »
>
> (De Forbonnais.)

Ce n'est pas seulement l'énormité des taxes, des tributs restrictifs de la consommation, qui fait à la propriété foncière une situation telle que le Sol le plus merveilleusement doué ne parvient qu'à donner des résultats médiocres. Il y a en effet dans l'établissement des taxes quelque chose de bien plus grave que leur chiffre et leur importance : c'est la destination qu'on leur donne. — Or, ce qui épuise encore plus la terre que ce qu'on lui prend ainsi journellement, c'est que l'impôt, loin d'être *reproducteur*, s'écoule en prodigalités et solde des services de nulle valeur. De là pour le pays une double perte, un développement pénible de de la richesse publique.

Les chiffres officiels que fournit chaque année l'administration des finances peuvent nous guider dans cette partie de notre examen.

Pendant seize années environ qu'elle a régné sur le pays, la Restauration dispose, on l'a pu voir, d'une somme en moyenne d'un peu plus d'un milliard par an, soit 16,397 millions pour toute la durée du règne.

Les dépenses effectuées postérieurement s'élèvent au bout de dix-sept années à 21,877 millions (V. le compte officiel des finances pour l'année 1848, arrêté au 31 décembre 1847, p. 383.) C'est donc une somme d'ensemble 38 milliards que les contribuables ont livrée au trésor dans un intervalle de trente-trois ans. Pour avoir une idée exacte de l'usage que fait la tradition monarchique de ces immenses ressources, il suffira de rechercher quel genre d'emploi ont reçu sous le dernier règne ces 21 milliards. Cet aperçu paraîtra d'autant plus concluant qu'il s'agit ici d'un état de choses que beaucoup de gens considèrent comme un progrès sur la précédente administration.

Tableau des dépenses productives et improductives
DE 1830 À 1848.

SERVICES PRODUCTIFS.		SERVICES IMPRODUCTIFS.	
Commerce, Agriculture. . . .	246,000,000	Dette publique , pensions et dotations.	6,000,000,000
Instruction publique.	218,000,000	Ministère de la guerre	5,365,000,000
Travaux publics	972,000,000	Frais de perception (*). . . .	2,000,000,000
Total de la masse productive.	1,436,000,000	Total de la masse improduct.	13,365,000,000

(*) Nota. Les frais de régie, perception et exploitation de l'impôt dépassent, avec le montant des sommes attribuées au ministre des finances pour le service général, 2 milliards 500 millions en 17 ans. C'est environ le huitième de la recette totale, chiffre véritablement énorme. En traitant comme recettes productives celles de la première catégorie et y joignant les sommes dont les ministères de la *marine*, des *cultes*, de la *justice* et de l'*intérieur* ont pu disposer, le chiffre des frais de perception improductif peut, sans exagération, être porté à 2 milliards.

Nous croyons du reste devoir nous borner à mettre ici en regard les services véritablement productifs et les allocations qui ne sont qu'un gaspillage de la fortune publique. Il y aurait trop à dire sur tout le reste pour qu'on puisse le faire entrer dans ce cadre comme emploi productif.

L'on voit par ce tableau que les chapitres les plus essentiels, tels que *l'Instruction publique, le Commerce et l'Agriculture,* obtiennent à peine le vingt-cinquième des sommes allouées *en temps de paix* aux casernes (1).

Sur 21 milliards de recette, voilà en effet plus de 5 milliards qui se dépensent en fourniments, achats de sabres, de gibernes et de canons, pendant que les frais de perception de l'impôt et le Grand-Livre absorbent par ailleurs 8 milliards. — Ainsi, l'élément reproducteur de richesse, tout ce qui améliore véritablement l'état moral, l'état physique d'un pays, comme l'instruction, les arts, l'industrie, est à l'élément improductif comme 1,400 millions sont à 13 milliards, soit comme 14,36 : 133,65. Voilà donc la force brutale et la paresse qui se partagent la presque totalité des tributs, et de nos jours, la barbarie est à la civilisation comme 9 : 1!...

Où veut-on aller avec un tel système ? que veut-on qu'un pays devienne dans ce triste et fatal aménagement des forces, de la richesse

---

(1) Aux États-Unis, le chiffre de la milice en temps ordinaire est de 12,000 hommes ; c'est à peu près, toute proportion gardée entre la France et l'Union-Américaine eu égard au chiffre de la population, le 15ᵉ de ce qui existe chez nous. — Dans la Grande-Bretagne, l'armée forme environ le tiers de notre pied de paix habituel, soit 120,000 hommes.

publiques? — Qu'on s'étonne si la France est remarquablement distancée par d'autres peuples, lorsque le poids des tributs est tel et la destination qu'on leur donne à ce point déplorable que tout ce qui fait la félicité publique , la virilité, est de plus en plus annihilé, sacrifié, stérilisé ?

Qu'est-ce donc qu'une administration qui ne peut donner quelque sécurité aux intérêts qu'en payant ce large tribut à la force matérielle? De quel poids sont dès lors dans sa main l'action impartiale de la justice, l'influence de la religion, les pouvoirs administratifs proprement dits, la culture des arts et des lettres? Tout cela est de peu de valeur sans doute, puisqu'on agit chez nous depuis quarante ans comme on pourrait faire en pays conquis?... — Ce n'est pas, en effet, contre l'ennemi du dehors que sont organisées ces forces dans un système qui a décrété, souffert, glorifié *la paix partout et toujours!*

Et l'on rencontre après cela des hommes dont la naïveté s'afflige de la lenteur des progrès de notre agriculture ; ils alignent scrupuleusement des chiffres, dressent des statistiques et se demandent sérieusement pourquoi le produit brut agricole n'est pas, de même que le produit de la richesse industrielle, quadruplé depuis bientôt un demi-siècle ? Rien de plus simple cependant et rien de plus facile à concevoir : le sol est excédé de tributs, directement ou *indirectement* (1); on lui prend 9 sur 13 d'imposition totale et on lui rend 1/65me. — Puis la majeure portion de ces richesses ainsi confisquées sert à faire briller les équipages de guerre et donne du bien-être *à qui consomme sans produire.* — Pense-t-on qu'il y ait quelque force humaine qui puisse résister à ce jeu? Est-ce que le Sol, ce n'est pas de nos jours du travail humain, c'est-à-dire quelque chose dont la puissance est bornée ? Le moyen qu'un agent de production auquel on prend son sang inva-

---

(1) Les financiers de la monarchie, auxquels on doit de si beaux résultats, commenceraient-ils à comprendre ce que valent pour le pays leurs brillants états de services ? Voici ce que dit M. Fould dans son exposé des motifs à l'appui du projet du budget de 1851 :

« La propriété du sol est surchargée ; l'impôt multiple qui pèse *directement* ou *indirectement* sur la terre, sous forme de contributions foncières, de contributions des portes et fenêtres, de droits de mutations, de droits d'obligations, d'hypothèques, de quittances, la place comparativement aux autres valeurs dans une situation qui provoque *depuis longtemps* les méditations des hommes *sérieux.* »

Ces hommes *sérieux* maintiennent depuis vingt-cinq ans ce régime, qui leur profite amplement, suivant qu'on le verra au chapitre des emprunts publics, dotations d'amortissement, subventions aux riches compagnies, etc., etc. — Ces hommes *sérieux* traitaient autrefois d'*anarchistes,* lisez *socialistes,* tout ce qui s'élevait contre le *Système!*

riablement pour en faire un pareil usage ne
soit pas ruiné à la longue ? Que dire, par exemple, d'un système qui prélève, en dix-sept ans,
6 milliards sur le travail national, et qui crée,
par le Grand-Livre où tout vînt s'entasser, s'a-
bîmer, deux ennemis redoutables à l'activité
agricole, industrielle et commerciale : la Rente
paresseuse et l'Agiotage ?

N'est-il pas évident qu'on transporte au vice,
à la vie efféminée les ressources qu'enfante
péniblement le Travail ?

« Une opération, écrit A. Smith, qui enlève aux possesseurs de ces deux grandes sources de revenu, — la
Terre et les *Capitaux*, — aux personnes intéressées immédiatement à ce que *chaque portion de terre soit te-
nue en bon état*, et à ce que chaque portion du capital
soit avantageusement dirigée, la plus grande partie
des revenus de l'une ou de l'autre de ces sources, pour
la transmettre à une autre classe de gens, les créanciers
de l'Etat, *qui n'ont nullement cet intérêt*, une telle opération doit nécessairement faire à la longue que les
terres se négligent et que les capitaux se dissipent ou
fuient ailleurs... La pratique de créer des fonds per-
pétuels a successivement affaibli tout Etat qui l'a adop-
tée. » (Liv. v des *Dettes publiques.*)

A peu près dans le même temps, l'auteur
immortel de l'*Esprit des lois* exprimait sur le
mauvais effet des dettes publiques une semblable pensée. C'est ainsi, remarque-t-il, qu'on *ôte*
les revenus de l'Etat à ceux qui ont de *l'activité, de l'industrie, pour les transporter aux gens
de loisir*. — Sir Henri Parnell, dans sa *Réforme*

financière, fait ressortir le mauvais effet de ce mécanisme lorsqu'il dit que le paiement des dividendes ne fait *en réalité* que transférer une certaine somme *de la bourse* d'une portion de la nation *dans la bourse de l'autre* (1).

Non ; l'on ne peut imaginer rien de plus contraire au développement de la richesse publique, aux intérêts de la production agricole, que cette destination fatale donnée à la majeure partie de l'impôt ; c'est ainsi qu'on gouverne dans l'intérêt de la misère et de la dépopulation ; c'est ainsi qu'on fait des pauvres.

L'état débile de la richesse agricole s'explique donc en premier lieu par le chiffre des tributs et par le triste usage qui est fait de ce qui coûte tant à produire. Le Sol avec de telles ressources doublerait, triplerait ses forces ; on le dépouille.— L'on verra bientôt que cette organisation fiscale trouve dans la manière dont fonctionne le crédit en France un puissant auxiliaire.

Maintenant que l'impôt, cet agent suprême de dissolution, se trouve en quelque sorte jugé à l'œuvre, un dernier mot pour expliquer le phénomène auquel donne lieu chez nous l'intervention des tributs. — Il résulte, en effet, de cette action déplorable, une forte réduc-

______

(1) V. à *l'Appendice*, § II, notes et développements, lettre *e*.

tion dans le chiffre de ce qu'on est convenu d'appeler le produit net, réduction qui ne tirerait pas à conséquence si elle profitait au Travail.

Le détenteur du sol, qui cultive lui-même en général dans un milieu où 5 millions de cotes sur 10 sont de 5 francs et au-dessous, le cultivateur, dis-je, et celui qu'il emploie, sont ici sacrifiés à un intérêt *de troisième ordre*, qu'on nomme l'État, et qui représente essentiellement la cause du parasitisme.

Voici, en effet, ce qui a lieu :

La Propriété en France est constituée, on le sait, de telle sorte que la masse vit à l'état précaire ; le travail est, nous l'avons fait voir, le compagnon en quelque sorte inséparable du possesseur foncier.

De là deux conséquences également incontestables, rigoureuses :

En premier lieu, il demeure constant qu'on ne saurait grever le Sol, frapper de taxes élevées ce capital immense, sans que le poids des tributs atteigne du même coup le travailleur proprement dit et le détenteur de la terre, qui se confondent le plus souvent et forment *un même individu* ; d'où résulte que l'impôt est, à ce compte, la *main mise* sur le Travail, hommes et choses, au profit de celui *qui ne produit ni ne travaille.*

En second lieu, l'effet physique en quelque sorte des taxes immodérées, mal assises et mal réparties, dans un pays par exemple où la richesse agricole, — capital foncier et travail, — forme les trois quarts de la somme générale des biens, c'est d'opérer par voie d'inévitable renchérissement, ce qui resserre le cercle des consommations journalières, et ruine la production.

L'un des effets inévitables de la restriction ainsi apportée à l'écoulement des produits, c'est que le salaire est relativement plus onéreux au détenteur du sol, et cela sans profit pour le travail lui-même : ce n'est entre eux qu'un échange de maux, où l'un souffre, l'autre se ruine. — Veut-on qu'à raison du renchérissement des denrées le travailleur soit forcé d'élever le prix de la main-d'œuvre ?... cela sera pour lui plus fatal que profitable.

Qu'importe, en effet, que l'ouvrier reçoive 3 francs par jour au lieu 2 francs 50 centimes, par exemple, si l'impôt l'oblige de payer plus cher qu'auparavant son pain, sa viande, ses vêtements, son loyer ?... Je vois bien là une perte pour le détenteur souffreteux de la propriété, qui aura beaucoup de peine à élever *proportionnellement* le prix de ses denrées ; mais où donc trouve-on qu'à ce compte l'ouvrier des villes et des campagnes gagne quelque chose ?... c'est le contraire.

Le salaire, en effet, suit en ce point la loi des consommations ; tout ce qui en élève artificiellement le prix contribue à restreindre *la demande*. — Aussi le débitant de la main-d'œuvre, lorsqu'il veut prévenir le chômage dont il est menacé par le renchérissement des denrées alimentaires, doit plus que jamais se restreindre, vivre de privations et mener une vie misérable en somme. — La consommation de la main-d'œuvre subit, plus que tout le reste, les effets du renchérissement ; elle débitera *d'autant moins* que ses prétentions seront *forcément* plus élevées (1).

Quant au propriétaire, l'impôt ajoute, par l'élévation des salaires, au prix de revient de son produit, et ce qu'il y a de plus évident, c'est qu'ici il y a perte pour le débitant de la valeur produite, de même que pour le débitant de la main-d'œuvre. — Le propriétaire, en effet, sera contraint de modérer d'autant plus ses exigences que le surhaussement résultant de l'intervention des taxes réduira le chiffre de la demande. C'est l'application constante de la même loi (2).

----

(1) V. à cet égard tous les économistes et notamment M. J. Garnier.

(2) « Si l'élévation des salaires, dit sir Henri Parnell au sujet du renchérissement des denrées de première nécessité, réduit la proportion des bénéfices, il en résulte *une diminution* sur la somme des profits ob-

Voilà donc également sacrifiés, maltraités chacun dans sa sphère, le détenteur du Sol et le détenteur du Travail.

Or, il y a quelqu'un qui gagne à ce compte? Il y a un tiers *invariablement* placé entre le pro-

---

tenus par le capital de la nation, conséquemment une diminution dans son revenu annuel et *dans les moyens d'accroître la richesse nationale*. Si le résultat de l'élévation des salaires est *d'élever le prix* de tous les objets de consommation, il y a nécessairement *diminution dans la consommation, dans l'emploi du capital et de la main-d'œuvre, ainsi que dans les moyens d'accroissement de la fortune publique.* » (Réforme financière en Angleterre. 1832.)

Le savant économiste ne fait point ici une distinction fondamentale. Il ne faut pas confondre, en effet, l'élévation *artificielle* du salaire, élévation causée par le renchérissement des denrées de première nécessité, et qui ne profite qu'à un petit nombre d'individus, avec celle qui résulterait infailliblement d'une production de plus en plus favorisée, non surtaxée, c'est-à-dire allant à la rencontre du Travail-acheteur.

Ici, le taux des salaires, comme aux États-Unis, s'élèvera sans nuire pour cela au débit de toutes choses. Pourquoi cela? Parce que le débit des produits est toujours large et assuré, le grand nombre devenant acheteur. Dans ce système, le renchérissement, au lieu de porter sur les produits du sol, de l'industrie, ce qui est une calamité publique, puisque cela tend à restreindre la consommation et par suite la création des divers produits, se portera sur le débit du travail, ce lot du grand nombre qui fait produire d'autant plus qu'il peut davantage consommer, c'est-à-dire *acheter*. Voilà comment le salaire élevé devient à son tour *reproducteur*. (V. pour plus de détails le chapitre de la Production.)

ducteur et le consommateur pour bénéficier de la différence du prix courant à la valeur réelle; il y a là, en un mot, un troisième personnage, qui prend par exemple 10 sous à l'ouvrier sur son salaire, à l'occasion des consommations de chaque jour, et 1 franc à la terre, gravement atteinte d'autre part dans son essor générateur.

Ce quelqu'un, qui n'est ni le travailleur des champs, ni le propriétaire obéré, ni l'industriel réduit à lutter contre les inextricables difficultés d'un trafic ingrat, ni l'ouvrier des villes succombant à la tâche par les privations, l'excès d'un travail auquel vient s'ajouter trop souvent le travail de l'enfance; — ce puissant intermédiaire, qu'on rencontre sur tous les chemins, — qui est présent à tous les marchés, et qui empêche les agents de la production de se toucher autrement que par l'extrême misère, — ce quelqu'un enfin, c'est ce qu'on appelait sous la monarchie d'un nom en quelque sorte magique, mais qui, de nos jours, a cessé de faire illusion : — nous avons nommé l'ÉTAT.

Là dut être, en effet, la force, le constant appui du Travail, la loi intelligente de son développement; là fut, depuis quarante ans, le principe de la faiblesse générale, la cause de maux sans fin pour le grand nombre des producteurs!

Ah! lorsque l'impôt fonctionne de telle sorte qu'il prend à la nation le quart ou le cinquième de la valeur produite pour en faire l'usage qu'on peut voir, l'impôt est, dans les mains de l'Etat, reproducteur, non de richesse, mais de misère; ce n'est plus, en ce cas, la voile qui pousse le navire au port, mais c'est l'excès de voilure qui surcharge le bâtiment et doit finir par le submerger (1).

Les tributs et les taxes ont trouvé dans le crédit, tel qu'il est de nos jours pratiqué, un digne auxiliaire.

---

(1) Il n'est pas jusqu'à M. Thiers qui, pour évincer la cause du crédit agricole, n'ait été forcé de faire à cet égard de précieux aveux. L'orateur a seulement bien soin d'aborder la question non de face, mais obliquement en quelque sorte :

« L'agriculture souffre *de l'impôt foncier*, » dit M. Thiers dans la séance du 10 octobre 1848; mais il se garde bien de traiter avec quelque étendue ce grave et intéressant sujet. M. Thiers affirme, qu'à la différence de ce qui a lieu chez nous, la propriété foncière est peu imposée dans la Grande-Bretagne. L'orateur-ministre ignore-t-il donc, qu'indépendamment du *land-tax*, ou impôt territorial, qui, avec quelques taxes de quotité dites *assessed taxes*, représentait en 1842 112 millions environ, l'on compte plus de 600 millions de taxes *locales*, telles que la dîme, qui grèvent le sol du Royaume-Uni?

SECTION II.

ROLE DU CRÉDIT EN FRANCE.

§ I.

LE SOL ET LE CRÉDIT.

I

Importance de l'atelier agricole dans le passé et dans le présent.

> « C'est *le manque de capitaux* qui arrête un grand nombre de *propriétaires* ; tantôt les difficultés qu'ils éprouvent pour emprunter, tantôt le prix *trop haut de l'intérêt* deviennent un obstacle *aux progrès de la culture.* »
>
> (NECKER. — 1784. — *De l'administration des finances.)*

De même que l'impôt, en France, le crédit prend son point d'appui dans le Sol. Là est, depuis cinquante ans surtout, la force des pouvoirs publics dans la guerre comme dans la paix, car c'est là que résident ces immenses ressources qui pourvoient à tous les besoins. A quelque point de vue qu'on se place, la puissance du pays est territoriale.

C'est pour l'avoir trop oublié, c'est parce qu'on administre du haut du perron de la Bourse, en quelque sorte, un État dont la richesse est surtout agricole, que la situation est démesurément tendue.

Un rapide coup d'œil jeté sur le passé fera voir d'où l'on est parti, et le rôle que joue à cette heure, dans l'ordre économique, le sol démocratique de la France.

Remplacer quelques possesseurs de fiefs, de bénéfices, par *douze cent mille* nouveaux propriétaires ; intéresser des millions de bras à une exploitation que le patriciat épuisait de taxes et de corvées, c'était, par une organisation puissante de l'atelier agricole, décréter, il y a soixante ans, la prospérité, la force, la grandeur du pays. Que les esprits les plus prévenus veuillent bien envisager dans le passé le rôle pénible de l'impôt, du crédit de l'Etat par suite ; qu'ils songent à cette hideuse banqueroute sans cesse suspendue sur la tête des porteurs de bons royaux et de coupons de rentes ; qu'ils rapprochent de ces misères, de cette infirmité, la confiance que met un peu plus tard dans une armée de travailleurs le nouveau pouvoir royal lui-même, et chacun aura une idée de ce que pèse de nos jours le fait de l'appropriation territoriale étendu au grand nombre, universalisé en quelque sorte.

C'est sur une question d'impôts que la vieille monarchie tombe et s'écroule ; et, chose remarquable, c'est à l'impôt, c'est au crédit qui s'appuie sur le revenu public que la monarchie restaurée demandera un peu plus tard d'immenses ressources !

L'impassible fiscalité de l'abbé Terray, la probité, les lumières de Turgot, ont fait de vains efforts pour donner de la vie à ce qui n'est plus qu'un cadavre ; les tributs sont insuffisants, la misère du peuple est au comble, l'emprunt n'est plus possible et les billets d'Etat demeurent frappés de discrédit (1). Encore quelques jours, et un simple écart de 56 millions entre les dépenses et les recettes sera l'obstacle contre lequel viendront se briser définitivement la suffisance de Calonne et l'habileté, l'expérience financière, l'honnêteté de Necker. C'est à ces termes qu'est réduite une monarchie qui mit sa force invariablement dans *le petit nombre*. Elle cède, elle est emportée à l'occasion d'un mince déficit dont s'effraient toutes les puissances de l'aristocratie et qui fait qu'on recule.

---

(1) « Votre Majesté ne saurait trop se défier, avait dit inutilement à Louis XV la chambre des Comptes en 1759, de ceux qui pour assouvir la faim insatiable qu'ils ont *de vos dons*, grossissent à vos yeux l'opulence des peuples. Le zèle de vos peuples est inépuisable, *mais leurs forces ne répondent point à leur zèle.* » (*Remontr. inédites. — Bailly, Hist. financière.*)

« La terre n'obtient plus du laboureur que des sueurs stériles qui le mettent *dans l'impossibilité de fournir aux impôts. Des légions de travailleurs se réfugient dans les villes où ils échangent leurs haillons pour une servitude vile,* » (1787. — L'abbé de Labersac.)

Un quart de siècle s'est à peine écoulé qu'on relève le trône. Mais ce n'est plus, comme en 89, de cinq ou six cents millions qu'il s'agit ; l'on parle de plusieurs milliards. Il est vrai que la France a vu grandir ses forces ; elle compte non plus trente mille familles en possession à peu près exclusive du sol, mais *trois millions* de nouveaux propriétaires, qui apporteront au Trésor, malgré de longues et cruelles guerres, ce que l'on eût vainement attendu, exigé autrefois des hommes du privilége (1). Ainsi, ce que les terres féodales ne purent donner au trône en péril, le sol démocratique de la France l'accorde presque sans effort, après le désastre d'une double invasion !...

Ce n'est pas tout. Les nouvelles taxes seraient, en effet, peu de chose si l'on ne pouvait au même instant escompter largement les ressources que le revenu public tient en réserve. Au crédit de faire le reste. Mais depuis que le sol et l'habitant, dans une alliance plus intime, se prêtent un mutuel appui, rien ne semblera impossible. Le banquier cosmopolite ne fera nulle difficulté, sur la foi de nos dix mil-

---

(1) Budgets des premières années de la Restauration :

1816 Recettes 1,036,804,354 Dépenses 1,055,854,028
1817 — 1,270,312,550 — 1,189,253,628
1818 — 1,414,080,685 — 1,433,746,666

lions de coles fonclères, d'avancer, de prêter *les milliards* que l'étranger attend pour se retirer. En quelques années, le service de la dette est monté de 63 millions, chiffre de 1814, à 200 millions, tant on augurait bien de cette France nouvelle qu'on ne cesse de calomnier!

Pour que l'impuissance eût ainsi fait place à d'inépuisables ressources, pour s'acquitter ainsi envers l'étranger, envers l'émigration elle-même, que s'était-il passé, quel changement s'était opéré? D'où venaient, dans ce même pays, à soixante ans d'intervalle, tant de mâle courage, des facultés si puissantes ; qu'avait-on fait enfin pour arriver à un tel degré de force intérieure ? — On avait frappé du pied la terre, et il en était sorti, avec des légions de soldats, des légions de travailleurs, c'est-à-dire la vie, la plénitude de la force et de la santé, le pouvoir de tout entreprendre et de suffire à tout mieux qu'auparavant.

Voilà ce que peut un sol généreux et vivace aux prises avec les facultés du grand nombre ; il livre sans effort, je le répète, ce que quelques grandes familles, quelques hommes de cléricature, de robe, d'épée, de finance, qui laisseront périr, faute d'un écu, l'antique monarchie, objet de leur culte, ne sauraient donner !...

On le voit donc, et alors que la science économique ne le dirait pas l'histoire serait là pour le proclamer, tout vient chez nous du Sol, car c'est de là que sont partis, pendant un quart de siècle, ces hommes, ces enfants qu'on rencontre à Lodi, à Montenotte, aux Pyramides et qui tombent généreusement à Waterloo; de même qu'elles sont parties du Sol régénéré cette vitalité, cette richesse luxuriante qui permirent à l'impôt, au crédit public, de tout liquider, de tout payer, de tout aborder, de cicatriser d'une main les plaies pendant que de l'autre on élargira les voies de l'Industrie.

Centimes additionnels, droits sur les boissons rendus oppressifs par le code de 1816, décime de guerre frappant au passage les produits de l'enregistrement forcé en recette, l'on n'oublie rien pour faire une abondante moisson. Il semble que la mine découverte en 89 soit une mine inépuisable, et l'émigration qui rentrait le cœur ulcéré, l'émigration par ses exigences porte elle-même témoignage en faveur du grand œuvre d'affranchissement qu'elle maudit !

Ainsi, se trouve constatée pour les plus aveugles l'importance conquise de nos jours par l'atelier agricole.

Et cependant que fit-on pour le Sol en retour de cette inépuisable assistance ? Comment la puissance publique s'est-elle acquittée, au point de vue du crédit, envers le capital foncier d'où viennent à la fois l'Impôt et le Crédit, c'est-à-dire dans tous les temps la toute-puissance ?

L'importance du Sol, après avoir été long-temps méconnue, serait-elle donc aujourd'hui à ce point exagérée qu'on se croirait dispensé de rien faire pour ceux qui firent à ce point preuve d'énergie, de rares facultés ? Mais la terre, pour être devenue il y a un demi-siècle le lot de la vaillance, n'est pas inépuisable ; ne semble-t-il pas voir un rude travailleur, aux formes athlétiques, auquel, entre temps de corvées, on refuserait jusqu'à la nourriture, sous prétexte que sa force physique est immense !

L'état de la Dette hypothécaire montre qu'on a ici trop présumé des forces du domaine agricole. — Pendant que les gens de Haute-Banque disposent sans peine des capitaux qui affluent dans leurs caisses moyennant un loyer de 2 et 1|2, 3 pour 100, 4 au plus, le détenteur du Sol emprunte à 7 et 8, 15 pour 100 en moyenne. Chose triste à dire, la France est à peu près le seul pays où le crédit particulier soit sur le pied d'une si choquante inégalité.

II

CRÉDIT AGRICOLE EN FRANCE ET A L'ÉTRANGER.

*Différences résultant, non de la nature des choses,
mais de l'institution.*

Qu'il existe entre le taux de l'intérêt ordinaire, pour tout ce qui tient au crédit mobilier, et le loyer des capitaux journellement réclamés par la terre, une sorte d'écart déterminé jusqu'ici par la nature des choses, c'est ce que chacun pourrait comprendre. Si le Sol, dans l'ordre actuel, a une vertu propre qui le fait plus d'une fois préférer à la fortune incertaine et mobile, s'il présente plus de consistance, de solidité, il est aussi doué d'une immobilité presque fatale. Dans un siècle où l'industrie donne du prix à tout ce qui circule et se meut vivement, alors que la puissance individuelle, — richesse et aptitudes, — se développe de plus en plus dans le sens d'une immense activité, le capital mobilier a sur la richesse foncière de grands avantages.

Aussi, outre que la rente de la terre est inférieure aux autres revenus, ce qui, en diminuant la valeur du gage, tend à élever pour le Sol le prix des capitaux, il est constant que le prêt doit jusqu'à certain point ressortir pour le possesseur foncier à un taux quelque peu supérieur à ce qu'il coûte, en moyenne, dans l'industrie et le commerce. Ici, l'offre tend à devenir plus abondante; et si le monopole n'élevait outre mesure l'intérêt de l'argent, le commerce obtiendrait à 3 et 4 p. 100 au plus ce qu'il paie 6 ou 8. L'on verrait alors le gage personnel obtenir sur le gage immobilier une légitime préférence.

Mais ces désavantages, l'habileté administrative consiste à les faire peu à peu disparaître. Exagérer l'inconvénient de manière à rendre la séparation plus profonde; faire, par exemple, que le Sol, voué comme gage au plus complet discrédit, soit à peu près exclusivement aux prises avec l'usure légale est à la fois le comble de l'incurie et de l'injustice. Telle est cependant l'œuvre accomplie sous nos yeux depuis 30 ans surtout. Non-seulement l'on n'a rien fait pour modérer l'écart qui tend à se produire, mais il semble qu'on ait tout disposé pour faire au travail agricole, en récompense de tous ses dons, une situation telle qu'on ne voit rien de semblable dans aucun pays. — Il suffit pour s'en convaincre de regarder ce qui se passe; nous prendrons ici la situation telle que l'ont reçue des événements les financiers de la monarchie il y a vingt-cinq ans.

Etant donnée une dette publique énorme

qui, sous couleur de crédit d'Etat, raison d'E-
tat, etc., n'est autre chose que le public asile
des fortunes *vivant du travail d'autrui*; étant
donné ce fatal agencement, il n'était certes pas
impossible de ramener vers le Sol, constamment pressuré, tourmenté par le loyer élevé
des capitaux, une grande portion du numéraire disponible. Puisque les hautes concep-
tions répugnent à certains esprits, il fallait
faire usage d'un moyen qui eût en très-peu de
temps amené, provoqué par degrés l'organisation du crédit agricole. N'y avait-il pas,
en effet, obligation, engagement d'honneur à fa-
voriser le Sol, en réduisant graduellement l'intérêt des capitaux engagés sur la Rente ?... L'on
cessait ainsi de faire à l'emprunteur, au particulier, dans l'agriculture et dans l'industrie,
une redoutable concurrence (1); et le Trésor,

---

(1) Voici comment s'exprime en 1824 le rapporteur
du projet de conversion des rentes, M. Masson :

« Elle concourra, — la mesure proposée, — *à faire baisser
le taux de l'intérêt* en faisant cesser, pour les particuliers dont
les entreprises productives ont besoin de capitaux, LA CON-
CURRENCE *funeste de l'État.* Déjà cette *concurrence leur est
assez nuisible* par les facilités de tout genre et par *les séductions*
qui accompagnent les *placements dans les fonds publics*, sans y
ajouter encore l'ATTRAIT d'un *intérêt de* 5 0/0, *notoirement supérieur au taux actuel des principales places de l'Europe.* » (*Moniteur*, séance du 17 avril.)

M. le comte de Labourdonnaie, l'un des plus fou-
gueux défenseurs de la Rente, énumère lui-même les
avantages de ce genre de placement; il insiste sur :

non-seulement eût ici bénéficié, puisqu'il eût payé 3 ou 4 pour 100 ce qu'on lui vendait 5 ; mais les capitaux paresseux, ne trouvant plus dans la Rente *exclusivement* d'immenses avantages, — *ponctualité* dans le service de l'intérêt, *affranchissement* de taxes et d'impôts, *fixité* dans le revenu, toutes choses que ne présentent ni la terre ni l'industrie, — ces capitaux se fussent naturellement fixés ailleurs, suivant qu'il est arrivé par exemple en Angleterre.

Voilà ce que la justice, l'intérêt public réclamaient.

Puisque certains hommes de finance ne conçoivent le gouvernement de l'Etat qu'avec l'accessoire obligé des dettes publiques (1) ; puisqu'il faut *toujours* une dette, l'on eût dû au moins faire que le coupon de rente ne prît

---

« La *fixité* du paiement, la *facilité* de gérer ses affaires sans entendre parler *de réparations, d'impôts, d'intendants, etc.* »

Voilà ce qui *séduit,* suivant l'orateur royaliste, la classe ordinaire des rentiers. Il déclare même que la mesure sera *inefficace,* tant cet attrait est irrésistible. — Le temps a fait justice, dans plusieurs Etats, de ce sophisme intéressé, sophisme que M. Thiers, après vingt-cinq ans, n'a pas craint de porter encore à la tribune. (Voir le rapport sur l'*Assistance publique.*)

(1) Il ne faut pas qu'à un jour donné l'État *paie toute sa dette...* Il faut toujours *une dette...* » (Thiers, — 1831. — V. le *Moniteur,* rapport sur le budget de 1832.)

C'est avec ces belles maximes qu'on est venu successivement à bout de l'impôt et du crédit.

pas à la longue une faveur telle que ce placement fût *exclusif* du crédit hypothécaire *à bon marché*. C'est ce qu'on n'a pas fait. Aussi existe-t-il à cette heure l'inégalité la plus inique, la plus déplorable entre la situation faite à l'homme du Grand-Livre et le lot assigné à l'homme du Sol.

Voici en effet ce qu'on remarque :

Un capital de 10,000 francs, converti en inscriptions de rentes 5 pour 100, donne *invariablement* droit à 5 pour 100 de revenu *net d'impôts et de retenues*, quelles que puissent être d'ailleurs les fluctuations sur le prix du capital; ce placement représente donc, à toute heure, en tout temps, pour le titulaire, 500 fr. de rente.

Que cette même somme prenne le chemin du prêt hypothécaire; qu'elle soit convertie en un contrat d'obligation de 10,000 fr., remboursable sous trois ans, et la nouvelle destination donnée au capital détruit en partie, à l'instant même, sous le double rapport du fonds, du revenu, la valeur du numéraire ainsi engagé sur le foncier.

Premièrement, le capital, en cessant d'être parfaitement libre, *disponible*, c'est-à-dire d'une facile réalisation, cesse par cela même de *valoir* ce qu'il *valait* auparavant. Qu'une affaire se présente, qu'on aille vers le prêteur, il répond aussitôt qu'il a les mains liées ; pour le moment, il ne peut plus rien. Simple rentier, il eût vendu sur l'heure, de manière à bénéficier. dans une opération, à l'aide de son capital réalisé sans peine. Ici, rien de semblable. D'où cette conséquence : qu'en cessant d'être *disponible*, le capital prêté a perdu de sa valeur. — 1er *dommage*, première cause de dépréciation.

Voilà donc un créancier irrévocablement lié par son contrat. — Mais est-on sûr qu'à l'échéance le débiteur paiera ?... S'il fallait accorder du temps, bon gré, malgré ?... S'il fallait plaider, contester, subir des chicanes, recueillir des procès à l'échéance au lieu de retrouver, de reconquérir son capital ?... La situation générale est telle, les lois agencées de façon, avec cette procédure interminable et grèveuse, qu'on a tout à craindre. Qui sait comment cela se dénouera ?... — Avec l'Etat, quelle différence! Voulait-on son argent aujourd'hui, demain, dans six mois? rien de plus facile. Toujours et en tout temps assurance d'une *immédiate* réalisation. — Ainsi voilà donc encore un capital qui, non-seulement a cessé d'être constamment *disponible*, mais qui est à peu près engagé sur le sol *indéfiniment*, avec chance de frais, de discussions, d'*ordres*, de collocations contestées et contestables. —

2ᵉ *dommage*, deuxième cause de dépréciation.

Enfin, l'on stipule un intérêt. — Mais cet intérêt, cette *rente*, c'est une question encore de savoir si elle sera *exactement* servie. Au cas contraire, encore des poursuites, des inconvénients; le revenu ne venant pas, il faut requérir les huissiers, nantir les tribunaux, plaider, contester, se mettre en frais et en avances, toutes choses qui sont loin d'équivaloir au fidèle règlement opéré chaque semestre par le Trésor. D'où ici encore nouvelle et triste différence, nouveau motif de discrédit. Ainsi, dans ce système, ce n'est pas seulement le capital qui demeure frappé d'*indisponibilité*, c'est la *rente*. Autant l'inscription du Grand-Livre inspire confiance, autant elle doit obtenir faveur au double point de vue du service exact des intérêts, du remboursement du capital ; autant l'engagement hypothécaire inspire de craintes, de vives défiances à ce double titre ; — autant l'un constitue une valeur essentiellement *liquide*, d'une facile et sûre réalisation, autant le capital se trouve indéfiniment aliéné, frappé dans l'autre cas d'impuissance, de discrédit.

Or, pense-t-on de bonne foi que le détenteur de ce capital qui a le choix *des deux situations* puisse jamais prendre indifféremment l'une ou l'autre voie? Croit-on, alors qu'il opte pour le dernier cas, qu'il se décide à aborder sans dédommagement, sans compensation équitable, une situation pleine de périls ? Peut-il raisonnablement mettre sur la même ligne des situations à ce point dissemblables? Interrogez donc les compagnies d'assurance, et vous verrez si l'on couvre moyennant une égale prime le corps et quille du vaisseau suspect de vice propre, et celui dont la construction récente inspire confiance ; vous verrez d'autre part si en temps de guerre les remplaçants abondent comme en temps de paix et s'ils se paient le même prix dans les deux cas. — Situation ingrate, intolérable pour les capitaux comme pour toute marchandise?... Marché restreint, partant dures exigences.

L'Etat, la Haute-Banque, avec leur *disponible* constant et cette facile réalisation dont on a sans cesse l'assurance, paient-ils 3 et 4 pour 100, 5 au plus, l'argent dont ils ont besoin ? La Propriété foncière, avec la situation qui lui est faite, les incertitudes, les lenteurs qui planent sur le prêt, l'absence complète de garanties et de protection qu'on trouve dans un tel milieu, la Propriété immobilière, dis-je, doit nécessairement payer 6, 8 et 10 pour 100 ce que d'autres paient moitié. Ne dites pas que cette différence tient à *la nature des choses*, mais reconnaissez plutôt que cela résulte, que cela naît des situations fatales qu'on semble avoir créées, éternisées comme à plaisir.

La nature des choses peut bien déterminer certaines différences, mais elle n'amène pas ces choquantes disparates, elle ne met pas l'usure à la place du crédit prolifique de sa nature. Ce qui le prouve, c'est la différence qui existe à cet égard dans les situations au dehors, par exemple, où l'on ne voit pas que *la nature des choses* ait amené de tels résultats.

Rien de plus facile, pour peu qu'on l'eût voulu, que de mettre ici équitablement toutes choses en équilibre. On eût ainsi prévenu de grands maux en même temps qu'on eût travaillé dans l'intérêt de vingt-six millions de Français, c'est-à-dire de la France entière. Il eût fallu pour cela diminuer d'un côté l'attrait irrésistible du Grand-Livre, pendant que d'autre part on eût pris des mesures pour améliorer la condition du prêt agricole dont chacun s'éloigne, excepté l'usure. Que n'a-t-on, par exemple, comme en Angleterre, pays aux immenses dettes publiques, et c'est le cas d'insister de nouveau à cet égard, que n'a-t-on opéré sur la Rente, par voie de conversion, de manière à diminuer le taux de l'intérêt et par suite *les séductions* de ce genre de placement ? Diminuer les avantages ici, c'eût été les accroître par ailleurs, et la baisse de l'intérêt sur un point déterminait partout un changement analogue dans le loyer des capitaux. Le numéraire est comme les liquides, il cherche son niveau, et le jour où l'Etat, ce grand consommateur de capitaux, n'eût plus acheté qu'à prix réduit, c'est à prix réduit que se fût débitée forcément une marchandise qui recevait la loi de son principal acheteur.

La Grande-Bretagne, depuis plus d'un siècle, est engagée dans cette voie (1). Aussi l'Agriculture ne souffre-t-elle pas dans ce pays de la choquante anomalie qu'on remarque en France. — D'autre part, et en opérant par une intelligente réforme hypothécaire, l'on eût enfin rendu la sécurité au prêt. L'on eût vu alors, au lieu du rare particulier, du prêteur *local* qui ne se hasarde qu'en tremblant sur ce terrain miné, d'immenses capitaux s'engager, entrer dans cette voie, et des associations se former dans ce but. Alors, comme en d'autres pays, au sein de l'Allemagne par exemple, en Ecosse, en Pologne, aux Etats-Unis, il y aurait

____

(1) Les premières opérations sur la conversion remontent à 1715. — De 1750 à 1757, il se fit une réduction dans le taux de la rente qui opéra sur une forte portion de la dette. Les successeurs de lord Pelham n'ont pas cessé de marcher dans cette voie; c'est ainsi qu'en moins de douze ans, de 1822 à 1834, il s'est fait à quatre reprises différentes des conversions de 5 en 4 et de 4 en 3 1/2 0/0.

eu, non point disette de capitaux pour l'atelier agricole, c'est-à-dire usure inévitable, mais concours de numéraire, car on aurait eu confiance dans un genre de placement qui ne cesse d'exiger aujourd'hui fatalement d'énormes primes.

Voilà comment en se montrant, d'un côté, moins prodigue de faveurs et moins avare de bonnes institutions par ailleurs, l'on eût en peu de temps mis les choses à peu près de pair ; voilà comment le Sol eût connu le crédit *à bon marché* dont les hommes de Haute-Banque sont restés exclusivement en possession. Aussi la France eut sous les yeux cet étrange spectacle que partout à l'entour d'elle on est venu en aide au Sol, pendant que chez nous il est pressuré, livré à l'usure, torturé, sans égard pour de constants services.

Il fut un moment toutefois où, par l'initiative d'un homme de finance dont nous n'avons pas à juger ici la politique, mais dont le génie brille d'un incontestable éclat, l'on sembla vouloir entrer par la porte de la conversion, à défaut de vues plus hardies, dans une autre voie. En 1824, M. de Villèle avait résolu d'opérer sur 140 millions de rentes 5 pour 100, de manière à faire baisser sur le champ le taux de l'intérêt en France. Tout ce qui était mû à cette époque dans l'opposition libérale par un patriotisme intelligent appuyait la mesure, que combattit surtout la Haute banque par ses organes les plus importants : MM. Sanlot-Baguenault, Casimir Périer, entre autres. La Haute-Banque était ici d'accord avec les hommes de l'OEil-de-Bœuf pour empêcher le travail agricole de devenir libre et puissant par l'abondance des capitaux.

« Ce n'est pas *faute de capitaux*, s'écrie à ce propos le comte de Labourdonnaie, député royaliste, que *l'Agriculture* et le *Commerce languissent;* ce ne sont pas les productions de la terre qui manquent, *ce sont les consommateurs;* et une mesure qui ôte 30 millions de revenus à une classe de citoyens *n'en augmentera pas le nombre.* » (*Moniteur*, séance du 24 avril.)

Ainsi, l'on reconnaît que ce sont *les consommateurs qui manquent*, et l'on repousse une mesure qui, par l'abaissement du loyer des capitaux, c'est-à-dire en réduisant le prix de toutes choses, doit augmenter le nombre des consommateurs ! Voilà par quels sophismes le petit nombre triomphait d'une sage mesure.

Le ministre, auquel venait en aide, en cette occasion, le patriotisme de Jacques Laffitte, avait à un haut degré le sentiment de ce que réclamaient les circonstances. Les défiances éveillées par sa politique furent pour beaucoup dans le vote hostile devant lequel cette opération échoua.

« L'avantage de la mesure qui vous est proposée,

disait M. de Villèle, ne se bornera pas *à la réduction
de la Dette publique;* elle fournira à l'Agriculture le
moyen de produire *à meilleur marché.*

« Un des éléments qui manquent à la France pour
l'écoulement de ses produits, *c'est le bas prix des capitaux.* Vous avez plus que les autres la main-d'œuvre
à bon marché; vous avez plus que les autres la vie à
bon marché; l'intelligence ne manque pas plus qu'ailleurs à nos producteurs de toute espèce : ce qui manque, *ce sont les capitaux,* parce que, quand on est
obligé de produire, *soit dans l'Agriculture, soit dans le
Commerce,* soit dans l'Industrie, et qu'on veut trouver
le débit de ses produits, il faut pouvoir les donner *à bon
marché,* et *qu'un des éléments du bon marché,* c'est la
réduction des choses qui constituent la valeur réelle, *le
coût des produits.* » (*Moniteur* de 1824, séance du 28
avril.)

Ainsi l'habile financier ne se faisait pas illusion sur le côté vulnérable de notre constitution économique; le bas prix des capitaux,
voilà ce qu'il veut amener par degrés en prenant, au nom de l'Etat, une initiative qui devait abaisser partout inévitablement le taux de
l'intérêt.

La cohue des financiers et des hommes du
Grand-Livre fit un tel bruit, nous nous en sou-
venons, elle poussa de telles clameurs que
l'homme du Sol dut se résigner à rester comme
auparavant *le fermier* de la Rente (1). — Depuis

---

(1) « J'ignore, s'écrie M. de Louvigny, député de la Sarthe,
ce que l'on réserve aux contribuables pour les années calami-
teuses ; mais il vaudrait mieux vous proposer de voter de suite

lors, plus il ne fut question de départager équitablement le Sol et le Grand-Livre ; la Propriété, le travail agricole, et l'oisiveté opulente des créanciers de l'Etat. Nous n'appellerons pas du nom de conversion la mesure qui deux ans plus tard créait, en vue de nouvelles largesses, le fonds étroit ou plutôt l'expédient du 3 pour 100. — Le Sol a donc continué à emprunter à 8, 10, 15 pour 100 ce que les hommes de Haute-Banque paient 3 et 4. C'est ainsi qu'au bout de peu de temps la Dette publique prit, au détriment de la production, des proportions énormes, et qu'elle agit sur la terre dévorée par l'usure comme un puissant absorbant. 63 millions d'inscriptions de rentes en 1814 ; 240, amortissement compris, en 1830 ; 300, 400 et plus en 1848, pendant que la Dette hypothécaire surplombe et constitue sur une immense échelle la dépossession anticipée du Sol : voilà la situation. La Dette foncière est l'enfant conçu dans les douleurs du travail ingrat, de la servitude, pendant que la Dette publique s'étale avec confiance. — Une réforme hypothécaire, longtemps appelée, longtemps promise,

---

que désormais les propriétaires *seront les fermiers des rentiers.* » (*Moniteur,* séance du 26 avril.)

Ce député lit une lettre dans laquelle le commerce et l'agriculture de son département accueillent avec ferveur la mesure proposée.

eût pu prévenir de tels maux ; elle est encore à venir, et le Sol, cette richesse incomparable par l'importance des ressources, la puissance du travail qu'il recèle et qu'il emploie, le Sol, comme gage, est placé au dernier rang, discrédité, livré à toutes les entreprises de l'impôt et de l'usure !

Aussi vous chercheriez en vain chez nous ces banques agricoles, ces associations nombreuses qui ont donné ailleurs à la richesse foncière *son* crédit spécial, *son* papier, *son* agent de circulation. Parcourez l'Ecosse, les Etats d'Allemagne, visitez les provinces qui bordent l'Atlantique, dans ces pays où le crédit territorial et commercial également dotés se touchent et s'enchaînent ; voyez partout l'institution puissante se ramifiant à l'infini, reliant entre elles les richesses, les activités, les fortunes, les conditions, du Sol au Commerce, du Commerce à l'Industrie, comme si le Travail ne formait qu'une immense zône, et voyez si en France vous découvrez rien de pareil.

La première association formée en Prusse dans l'intérêt de la richesse agricole date de 1770 ; le roi Frédéric II s'inscrit pour 300,000 écus, soit 1,125,000 francs, en tête des premiers bailleurs de fonds. Les effets de cette création sont merveilleux ; elle fait presque aussitôt baisser DE MOITIÉ le taux de l'intérêt, elle chasse l'usure qui dévorait le Sol et l'habitant ; elle met l'abondance, la sécurité, l'aisance, là où la noblesse ruinée ne récoltait que misères.

Cette institution s'était surtout appliquée à donner aux prêteurs de solides garanties ; elle intervenait en *garantissant* le service des intérêts, le remboursement du capital ; ce qui eut lieu à l'aide d'une procédure *sommaire, exceptionnelle*, au cas d'expropriation. *Le titre hypothécaire*, divisé en coupures de 1000 à 25 écus de Prusse, devint aisément négociable, *circulable sans frais*. Il s'adressait ainsi aux fortunes de tout rang (1).

« Les coupons des obligations hypothécaires, dit M. Barre (il y en a de moins de 100 francs), rendent ces titres accessibles *à toutes les fortunes ;* l'intérêt qu'elles produisent *les fait rechercher ;* et comme ces obligations sont *au porteur*, qu'elles se transmettent *sans frais ni formalité*, elles circulent aisément. » (2).

---

(1) « Après qu'une institution de crédit hypothécaire eut été fondée en Silésie, dit M. Ch. Barre dans son excellent travail sur *les banques hypothécaires*, des associations analogues se succédèrent rapidement dans les divers États d'Allemagne. » (Barre, 1842. — V. l'*Appendice* pour plus de détails, § I, doc. statist., lettre E.)

(2) Ainsi, il n'est pas vrai de dire que ces institutions s'adressent exclusivement à *la Grande propriété*, pour parler le langage de M. Thiers. Le patron officieux de la Haute-Banque manifeste une incrédulité sur l'application possible de ce régime à la France, qui trahit beaucoup plus de répugnance native que de

Dans le Wurtemberg, l'institution de crédit fondée en 1831 fonctionne en pratiquant à la fois *l'emprunt* et le *prêt*. Elle donne à ses créanciers des obligations *négociables à la Bourse*, nominatives ou au porteur, *au choix des prêteurs*. — Depuis huit ans tous les capitaux nécessaires lui sont fournis abondamment sur le pied de 3 pour 100. Le *minimum* de ses prêts est de 2,000 florins, soit 4,300 fr., mais il peut être abaissé à *la moitié* dans le Wurtemberg (1). Ce capital est remboursé par le propriétaire emprunteur au moyen d'annuités sur le pied de 1 pour 100, opérant au bout de cinquante ans l'amortissement du prêt. — Lorsque ce sont des communes qui empruntent ou qui garantissent le prêt, le minimum peut être abaissé à 500 florins, soit 1,075 francs (2).

---

conviction. — Il est vrai que, le jour où de telles institutions fonctionneront chez nous, c'en est fait de la Banque *dite* de France et des intérêts de Haute-Banque pour lesquels elle fait office de levier.

(1) Cela n'empêche pas M. Thiers, qui ne dit rien de cette particularité, de déclarer que les associations allemandes s'adressent PLUTÔT *aux grands qu'aux petits propriétaires*. (*Moniteur*, rapport sur l'*Assistance*.)

(2) « Ces restrictions (le minimum du prêt fixé à 2000 florins) excluent tout de suite *le peuple des campagnes* auquel on affecte de s'intéresser. » (Thiers. — Rapport sur *l'assistance*.)

Voilà comment les économistes officiels respectent la vérité historique. M. Thiers nous paraît dans tout ceci beaucoup trop se préoccuper des intérêts du Monopole;

Enfin tous les emprunteurs sont intéressés aux bénéfices de l'association et prennent leur part du fonds de réserve, dès qu'ils sont *libérés*.

En Bavière, par exemple, où l'on fonde en 1841 une banque *hypothécaire* qui fait en même

---

Il ne faut pas croire, au surplus, que cette manœuvre échappe au regard attentif de l'observateur.

L'étranger, par exemple, que l'esprit de parti ne saurait influencer, égarer, juge assez exactement parfois les résistances que rencontre chez nous toute sage réforme. Voici comment un citoyen des États-Unis, M. Bonnefoux, dans un écrit sur le papier-monnaie, appréciait en 1848 la conduite de nos hommes d'État à l'occasion de l'établissement du crédit foncier. L'écrivain auquel nous empruntons les lignes qui suivent analyse les nombreuses erreurs auxquelles M. Thiers s'est laissé complaisamment entraîner ; ce jugement est celui d'un homme compétent et qui prit, du reste, une part considérable, dans l'État de New-York notamment, à l'organisation du crédit américain :

« En lisant une douzaine de paragraphes, l'on s'apercevra que le citoyen Thiers est plein d'estime et de considération *pour la Banque de France*, et lorsqu'il nous dit plus loin, d'après les citations ci-dessus, que le papier-monnaie, sous la forme de billet de banque, doit être *toujours* repoussé, qu'il n'est digne d'estime sous aucune de ces formes, on voit dans cette contradiction manifeste un échantillon de celles qui abondent dans son discours. J'ai cité celle-ci afin d'en venir à un point sur lequel *le délié orateur* se débat et se retourne dans tous les sens pour prouver que les banques d'escompte *ne multiplient pas les capitaux*. Le but qu'il se propose par cette étrange assertion paraît être d'EMPÊCHER *la formation de nouvelles banques qui pourraient faire* CONCURRENCE *à la Banque de France.* — L'orateur, comme on va le voir, attache *une grande importance* à DÉTOURNER CE DANGER. »

Ainsi, au dehors comme en France, l'on n'est pas dupe des scrupules de certains orateurs en matière de crédit.

temps office de caisse d'épargne, de banque de dépôt, d'escompte et de circulation, de mont-de-piété, de caisse d'assurance sur la vie et sur l'incendie, l'on sert aux capitalistes un intérêt de 3 pour 100, et les prêts se font par sommes rondes de 500 flor. au moins. L'emprunteur peut se libérer à volonté, au moyen d'un fonds amortissant joint à l'intérêt, sur le pied de 4 1/2, 5 1/2, 6 pour 100, suivant qu'il croit pouvoir effectuer son remboursement au bout de 29, 34, 43 ou 61 ans 1/2. Tout débiteur peut même, en faisant arrêter son compte à chaque semestre, de manière à prolonger l'amortissement par une sorte de novation du contrat, diminuer ses charges annuelles et améliorer chaque année sa position (1). L'Etat est intéressé dans les opérations de la Banque *hypothécaire* de Munich, puisqu'il s'est réservé *un certain nombre d'actions.*

Il y a, d'autre part, les établissements de crédit foncier en Bohême et en Gallicie, placés *sous la garantie des Etats,* et qui constituent une association libre de propriétaires. Tous les biens inscrits comme indépendants, et sur lesquels on peut prêter 1,000 florins au moins de convention, peuvent faire partie de l'associa-

---

(1) Ch. Barre, *Du crédit et des banques hypothécaires.*

tion (1). La Banque effectue ses prêts au moyen d'un papier particulier appelé *Lettre de gage,* qui donne à tout détenteur du titre le droit d'en requérir le paiement, au gré de la compagnie, six mois après l'avertissement qu'elle a reçu (2). L'intérêt servi par l'association est de 4 pour 100, et le remboursement a lieu par la voie du tirage au sort, lorsque l'association ne croit pas devoir devancer l'époque de sa libération. Le propriétaire emprunteur souscrit en échange un contrat d'obligation dont il se libère au bout d'un certain temps par une contribution annuelle de 1 pour 100 en sus de l'intérêt.

Nous terminerons cet exposé des institutions de crédit en France et au dehors par quelques lignes empruntées au livre de M. Coquelin sur le crédit tel qu'il fonctionne en Ecosse depuis une époque fort ancienne.

Dans ce dernier pays, la faculté d'émettre

----

(1) M. Thiers, qui repousse systématiquement ici l'intervention de l'Etat, n'a sans doute jeté qu'un regard distrait sur la Banque de Munich et sur l'association foncière des Etats de Gallicie. Ce financier veut bien reconnaître que les banques allemandes ont rendu des services ; mais il combat énergiquement la création de billets *à vue et au porteur,* dont il faut sans doute que la Banque de France conserve le Monopole, — dans l'intérêt du commerce de marchandises et du *Sol.*

(2) Voir l'*Appendice*, § 1. Docum., statist., lettre F.

des billets à vue et au porteur appartient *à qui
veut la prendre*. Les banques émettent des billets de 1 livre sterling (25 fr.) et au-dessus :

« On croira peut-être, ajoute à ce propos M. Coquelin, que la masse de leurs billets s'élève à des sommes
fabuleuses. Qu'on se détrompe. La circulation totale
de 40 banques n'excédait pas en 1826 3,309,032 liv.
(82,727,050 francs), chiffre bien modeste, si l'on considère que rien n'en limite l'accroissement, si ce n'est
les besoins mêmes du public. Ce qui prouve une fois de
plus que la liberté la plus entière dans l'émission des
billets au porteur et à vue ne tend pas du tout, *comme
on le suppose assez généralement en France*, à produire une circulation exagérée. »

Ce qu'il y a de remarquable, c'est que tandis
que chez nous les billets de la Banque de France
étaient renvoyés à Paris en perdant un agio de
1 1/2 pour 100, faute de pouvoir être payés,
acquittés à vue dans les comptoirs de département, en Ecosse les diverses banques se sont
toujours fait une loi de payer *à présentation*
les billets émanés *des établissements rivaux !...*
— On règle là, chaque semaine, par voie d'é-
change, absolument comme font sous nos yeux
les diverses lignes d'omnibus qui se soldent par
des différences. — Voilà à quelles infirmités le
monopole condamne depuis trente ans le crédit en France. Aussi, M. Gauthier a-t-il pu dire
en toute vérité, il y a déjà longtemps, que si
l'Angleterre, les Etats Unis en étaient *peut-être*

à l'abus en matière de crédit, la France n'en était *pas même encore à l'usage* (1).

III

Importance du crédit agricole.

> « Ce qui manque en France, ce ne sont pas les bras, mais les capitaux. »
>
> (De Cazes, 1826. — Chambre des pairs.)

Dans les Etats où l'aristocratie domine et où les masses sont rejetées sur le dernier plan, le crédit est quelquefois appelé à corriger, à atténuer, en quelque sorte, les excès d'un système qui s'attache à concentrer dans quelques mains la richesse. L'activité générale acquiert alors un développement tel qu'on souffre moins, en somme, de la pesanteur des tributs.

C'est ainsi qu'en Angleterre, par exemple, le travail national prit sous l'influence du crédit un vigoureux essor, tandis qu'ailleurs il reste stationnaire. Ce que les classes inférieures, enrôlées sous l'immense bannière du prolétariat, perdent en consistance, en bien-être assuré, la nation le retrouve dans l'énergique développement donné à ses facultés. De là vient

---

(1) *Encyclopédie du droit*, 1839, Vᵉ *Banque.*

notamment que le trafic de la Grande-Bretagne se présente sur tous les marchés du globe avec avantage. L'aristocratie est là toute-puissante, mais elle marche, elle fonctionne dans le sens d'une immense activité, loin d'être un obstacle (1).

En même temps qu'il fait passer un bill qui opérera de plus en plus la concentration du capital foncier dans la Grande-Bretagne, William Pitt provoque la constitution d'une foule de banques, dont le nombre dépassera bientôt 700. — 5 millions d'hectares de communaux sont dans le même moment confiés à l'exploitation particulière, et le grand ministre ne craint pas alors de demander aux détenteurs du sol qu'il vient d'enrichir le secours et l'appui qu'exigent les circonstances.

Ce n'est pas, en effet, le chiffre des impôts, mais le milieu dans lequel les taxes opèrent, qu'il faut considérer, pour voir jusqu'à quel point leur poids est lourd, intolérable. Il est tel mince tribut qui éprouve plus fortement un

______

(1) Remarquons en passant que l'on évalue à 1/13ᵐᵉ environ, soit 4 millions d'hectares, la superficie *improductive* en France. Dans la Grande-Bretagne, sur 31 millions d'hectares, l'on en compte, au dire de M. Moreau de Jonnès, plus de 8 millions d'improductifs, soit environ 1/4 du territoire britannique. Et cependant quelle différence dans le chiffre de la production foncière!

pays que ne le font ailleurs des contributions énormes. Ce qui importe, ce n'est pas tant le chiffre de l'imposition que le rôle qu'on lui fait jouer. De là naît invariablement la richesse ou la misère générale. — Un gouvernement ira par exemple, en certains cas, jusqu'à s'ouvrir à coups de canon les portes d'un vaste marché, pendant qu'ailleurs des tributs impopulaires seront employés à défrayer la paresse des couvents. L'impôt, s'il est d'ailleurs bien réparti, n'est rien par lui-même; c'est, on ne saurait trop le redire, l'usage qu'on en fait qui décide jusqu'à quel point il pèse lourdement sur les populations.

Lorsque l'Angleterre entre à pleines voiles, il y a soixante ans, dans la voie du crédit privé, elle unit par cela même plus étroitement ensemble toutes les forces, tous les intérêts. De ce jour elle atteignit, au dire des historiens, un état de prospérité jusque-là *inconnu*. Les banques locales, en donnant aux capitaux la plus vive impulsion, doublèrent la somme des produits. Chaque ville de marché, *chaque village* eut sa banque. Rien ne ressemble moins, on en conviendra, aux établissements de monopole qui s'apprêtaient chez nous à exploiter le crédit dans le sens individuel le plus étroit. — M. Bailly, qu'il faut citer de nouveau, rappelle en quelques lignes les admirables effet qu'avait déjà produits en Ecosse l'institution des banques.

> « Tout le monde s'accorde à reconnaître, dit quelque part cet auteur, que l'Ecosse doit au papier de circulation *les grands développements* de son commerce, de son industrie et de ses pêcheries. »

Or, si l'influence du crédit organisé sur une large échelle s'est exercée à ce point sur tous les foyers du travail national, on comprend quelle dût être son action sur la richesse territoriale. L'Ecosse est, au dire des hommes compétents, le pays le mieux cultivé des trois royaumes et même d'Europe.

« Le monopole est *le père* de la rareté, de la cherté et de l'instabilité! » s'écrient en 1815 qnelques pairs de la Grande-Bretagne dans un débat relatif aux céréales.

Et c'est parce qu'elle a compris tout ce que présente de ressources l'organisation du crédit privé que l'Angleterre, qui, il y a soixante ans, était, sous le rapport de la population, — de la richesse agricole, — du commerce extérieur, dans des conditions presque identiques à celles de la France, a pris une extension qui fait qu'elle s'est placée à une grande distance de ses rivaux. On sait quel était à cet égard, il y a vingt-cinq ans, le sentiment de Jacques Laffitte ; c'est par l'organisation du crédit que ce financier explique l'abaissement du taux de l'intérêt dans la Grande-Brétagne et le remarquable essor de la production intérieure. C'est ainsi que la Grande-Bretagne a conquis sur tous les marchés du monde une faveur qui profite à sa fabrication, à son commerce et à sa puissance.

Aussi, et par suite de la remarquable impulsion donnée aux forces productives de tout un peuple, le chiffre de la population s'accroît, on l'a pu voir, non de 9 à 10 pour 100, mais de 15 pour 100 en dix ans ; — la terre ne donne plus seulement 6 comme auparavant, mais 9 et 10, et jusqu'à 14 ; — le Commerce d'exportation devient sextuple de ce qu'il était il y a quarante ans, et les importations restent bien au-dessous de ce chiffre, tandis qu'ailleurs ces résultats se font équilibre. — C'est ainsi qu'on a calculé qu'en vingt ans, de 1820 à 1841, le mouvement général de la navigation britannique s'accroît de 119 pour 100 à l'entrée, et de 140 pour 100 à la sortie (1).

Or, et cela importe à remarquer dans un pays essentiellement agricole où les forces, la vitalité débordent, comment la Grande-Bretagne est-elle parvenue en si peu de temps à ce développement de richesse et d'expansion? Jac-

____

(1) *La France et l'Angleterre*, par Fr. de Tapiès. 1845. — V. l'*Appendice*, § I, Docum. statist., lettre G.

ques Laffitte nous l'a dit : — « Elle a COMMENCÉ par mettre *son sol en valeur*. » — Là est le principe de sa force, le point de départ de cette puissance qui grandit et s'accroît chaque jour.

Mais pour mettre en valeur, c'est-à-dire en plein rapport, un fonds quelconque, — capital agricole, exploitation industrielle, — il faut de l'argent, du numéraire *à bon marché*, c'est-à-dire coûtant moins de loyer que ce qu'il peut raisonnablement rapporter. Il ne faut pas, en un mot, que la richesse *accumulée* qui ne fonctionne pas reste inactive, comme pour attirer incessamment à elle les ressources disponibles ; sans quoi il faut renoncer à augmenter par la création de *nouvelles richesses* cette fortune acquise.

Telle est, réduite à de simples termes, l'influence économique du crédit. — Il procure à des conditions relativement modérées les moyens d'élever chaque jour davantage le chiffre de la richesse générale, en donnant une somme de bien-être individuel plus grande. *Le crédit ne prend, n'enlève rien à personne ;* seulement il développe par le Travail le germe des grandes facultés qui sommeillent ou restent sans emploi. — Que si, au contraire, le loyer des agents conquis par le Sol et par l'Industrie est élevé, cette exagération resserre le cercle des activités particulières, la masse des richesses nouvellement créées est moindre, et chacun reste par cela même pauvre, manquant du nécessaire. Voilà comment, faute d'institutions, la richesse acquise tourne au profit, non de l'avenir, mais du passé, — non de l'activité, de la vie qui s'épanche, — mais de l'immobilité, c'est-à-dire du néant.

De là un progrès lent, des améliorations rares et sans portée, un accroissement de bien-être presque insensible. — De là enfin ces souffrances héréditaires, ces révolutions périodiques, ces tiraillements sans fin. L'on ne gagne rien à dépouiller le riche de sa fortune ; mais l'homme riche que gagne-t-il, lui, à paralyser l'essor des facultés du grand nombre ?

« Par la facilité d'emprunter qui, à partir de 1797, dit M. Bailly, résulta de l'abondante circulation du papier de banque, l'agriculture reçut une forte impulsion, qu'excitèrent encore la rareté et le haut prix des grains pendant deux années consécutives. *Une manie générale d'agriculture s'empara de la nation.* »

Nous eûmes en France le renchérissement des grains, notamment en 1817 et 1846 ; mais cette circonstance a médiocrement influé sur la direction donnée aux capitaux. La spéculation ne se fixe jamais là où tout est stérile, frappé de défaveur. Aussi le Sol est-il resté invariablement aux prises avec de rares capitaux qui stipulent la prime en conséquence de la faiblesse organique, c'est-à-dire *du risque.*

« Lorsque le crédit règne dans un pays, remarque M. Coquelin dans son livre sur les banques, *toutes les habitudes de la nation s'en ressentent...*

« Il n'est personne qui ne reconnaisse que la prospérité de l'Ecosse repose *presque tout entière* sur l'existence de ses banques, que le commerce et l'industrie ont toujours suivi pas à pas le progrès de leur institution. » (1)

L'auteur répond ensuite, l'histoire en main, au reproche qu'on adresse aux banques d'amener dans les affaires de profondes perturbations. En Ecosse, jamais le crédit privé n'a mérité ni encouru ce reproche. Ce témoignage est ici confirmé par M. Bailly, qui reconnaît que les faillites sont dans ce pays plus rares que partout ailleurs.

« La loi, dit l'auteur des *Finances du Royaume-Uni*, n'a pas eu là à intervenir pour faire suspendre ou reprendre les paiements *en numéraire*. Le pays a été à l'abri des paniques et des commotions *que les deux autres royaumes ont éprouvées*; enfin, depuis l'introduction du papier-monnaie, les pertes que les banqueroutes ont causées au public ne dépassaient point un *million de francs en 1829*; et depuis cette époque l'on ne cite que *deux maisons* de banques faillies en 1834. »

---

(1) L'influence particulièrement salutaire du crédit sur la richesse agricole a été proclamée non moins ouvertement par sir Henri Parnell. Le savant auteur, déjà cité, de *la Réforme financière*, réclamait entre autres choses, il y a dix-huit ans, *la liberté des banques*, afin, dit-il, que *les fermiers* pussent avoir *comme en Ecosse des crédits ouverts et des dépôts de fonds.*

Quelques pages plus loin, M. Coquelin fait connaître comment, par l'extension ou plutôt par la diffusion du crédit privé, les Etats-Unis ont atteint un degré de richesse, de prospérité, qu'on a de la peine à s'expliquer en si peu temps.

« L'on prétend attribuer *à d'autres causes* la prospérité exceptionnelle de l'Union-Américaine. On parle sans cesse *de l'abondance et de la fertilité de ses terres*, et c'est sur cet avantage particulier qu'on se rejette pour expliquer son existence phénoménale. Comme si le peuple des Etats-Unis était le seul au monde qui eût en abondance *des terres fertiles à exploiter!* — Si telle est la cause de sa prospérité, comment se fait-il donc que la partie la plus florissante de l'Union, celle qui jouit de la plus grande somme de bien-être matériel, soit précisément celle qui, par la densité de sa population et la médiocrité relative de ses terres, se rapproche le plus des conditions de notre Europe? »

Ce fait nous semble décisif.—L'on pourra voir, du reste, par des détails plus circonstanciés et qui nous ont été fournis par les regnicoles eux-mêmes, que personne, de l'autre côté de l'Atlantique, n'explique autrement le spectacle que présente de nos jours l'Union-Américaine.

« Il n'est pas, écrivait à la fin du dernier siècle, le fameux agronome Arthur Young, *d'objet plus grave* dans l'arrangement de l'économie rurale que celui qui consiste à fournir un champ *abondamment de fonds*. La meilleure terre n'est pas d'un *bon rapport* ni d'aucun profit — *of avail* — sans une suffisante somme d'argent —*of money*—pour la fertiliser. Ni *le savoir, ni le génie* industrieux ne compensent *le manque d'un ample capital.* »

On le voit donc, le crédit, c'est-à-dire la circulation de plus en plus active et facile des capitaux, le mouvement des échanges favorisé par la reproduction constante, telles sont à toutes les époques, dans tous les pays, les conditions essentielles de la richesse générale, du bien-être, de la dignité morale enfin.

Un champ privé de capital, c'est un homme condamné à rester immobile et qui serait pourtant forcé de s'entretenir du nécessaire. — Mac Culloch dépeint on ne peut plus exactement cette situation misérable; c'est par là que nous terminerons cette exposition générale :

« Une remarque à faire, dit quelque part cet auteur, c'est qu'à l'exemple de ce qui s'est pratiqué autrefois, le capital d'un fermier doit être *plutôt au-dessus qu'au-dessous de la valeur de la ferme.* Le manque de capital rend le fermier incapable, — *disable,* — d'obtenir de bons résultats *de ses facultés et ustensiles.* C'est ainsi qu'il lui sera impossible de faire exécuter certains travaux de la manière la plus avantageuse, la plus expéditive, de faire des améliorations souvent indispensab'es. Les fermiers sont *par suite* impliqués dans des embarras, ils sont sujets à des dettes dont il ne leur est pas possible ensuite de se dégager. » (*From which it may not afterwards be in their power to escape.*)

L'on dirait que cela a été écrit au point de vue de l'état actuel de la Propriété foncière en France. — N'est-ce pas ainsi, en effet, que par le manque de capitaux à bon marché elle va tous les jours chez nous se décomposant ?

IV

Les capitaux en France tendent à s'éloigner du Sol sans profit pour l'Industrie.

> « Que sera-ce lorsque l'immensité des capitaux *détournés* des achats d'offices, des *spéculations de la Bourse et de la finance* pour refluer vers l'agriculture et le commerce, donnera à ces deux sources de la véritable richesse toute *l'activité dont elles sont susceptibles* !... »
>
> (1792. — Un Citoyen propriétaire.)

L'aristocratie amoureuse du luxe et des plaisirs réside en général fort peu sur ses domaines. Les campagnes, par suite livrées en quelque sorte à elles-mêmes, sont le siége d'un travail ingrat et partant médiocre. Celui qui sème l'indifférence ne recueillera que fruits amers. Si l'œil du maître est nécessaire, c'est peut-être encore plus aux champs qu'à la ville, et la grossièreté de certaines méthodes agricoles s'explique surtout par l'indifférence des gouvernants pour ce qui constitue la principale richesse du pays (1).

---

(1) Ce reproche s'adresse exclusivement à la grande propriété. Il faut avoir vécu de la vie des petits et des moyens propriétaires, il faut avoir vu de près ces embarras, ces difficultés renaissantes qui forcent à com-

La France, remarque, il y a vingt-cinq ans,
M. de Broglie, était avant 1789 un pays *de grande
propriété, mais mal cultivé.* — A ce point de vue,
la révolution qui appelait douze cent mille nouveaux propriétaires à faire naître des trésors
de richesse là où l'on ne récoltait que la misère, la révolution qui opérait ce changement
était déjà un immense bienfait. Mais les révolutions passent, et les habitudes, la vie du
monde *élégant* reprennent le dessus.

Les grands centres de population, par suite
de la vive impulsion que la politique imprimait
à l'opinion, eurent peut-être plus qu'autrefois le privilége d'attirer la foule. C'est ainsi
que le monde des oisifs, les grandes fortunes
terriennes continuèrent à s'éloigner du Sol,
dégradé à leurs yeux par la *plèbe* des campagnes.
— L'agriculture fut plus que jamais comptée
pour peu de chose dans les hautes sphères du
pouvoir. De là une immense concentration de

---

battre le manque de revenu, l'incertitude des récoltes,
pour se faire une idée de tout ce que le travail agricole
dépense d'énergie, de ressources et de dévouement
dans l'exploitation des terres. Le bourgeois campa-
gnard est généralement associé, mêlé aux travaux ; il
prend sa part des plus rudes corvées, des privations
et se place courageusement à la tête des agents qu'il
emploie. Que de familles dont le chef, renonçant à
charger le pavé des villes de sa nullité, se voue avec
passion à l'amélioration de ses terres !

forces, de vitalité, de capitaux dans certaines cités populeuses (1).

Les pouvoirs qui se succèdent depuis quarante ans ont favorisé outre mesure ce mouvement fatal aux campagnes. C'est ainsi qu'une pression fort vive s'est exercée de plus en plus sur le gouvernement livré à des hommes complétement *désintéressés* dans le fait de la moyenne et de la petite Propriété.

Qu'est-ce, en effet, de quoi se compose invariablement jusqu'ici la représentation nationale ? De grands propriétaires payant en moyenne plus de 1,000 fr. d'impôts, de riches rentiers, de hauts fonctionnaires sans affinité véritable avec les intérêts du Sol. Ces intérêts,

---

(1) Ce mouvement d'extrême concentration est surtout sensible pour la capitale. En moins d'un demi-siècle, la population a doublé. L'on ne citerait guère en France un autre exemple d'un pareil accroissement. Cette émigration générale des grandes fortunes vers les villes de premier ordre exerce à la longue, si l'action politique ne sait pas créer de puissants dérivatifs et reporter les forces du centre à la circonférence, elle exerce avec le temps une fatale influence en ce sens qu'elle agit comme pouvoir absorbant. C'est ainsi que la vie se porte au cœur et que les extrémités restent froides. La science économique est unanime pour déplorer ce résultat, qui s'explique par la tendance de l'aristocratie à se fixer dans les lieux où la vie est facile et où les jouissances abondent. — M. Passy en fait notamment la remarque, en 1839, et reproduit à cet égard les vues de M. Michelet sur l'histoire ancienne. — V. l'*Appendice*, Notes et développ., § II, lettre F.

en effet, sont éminemment démocratiques, on l'a fait voir : 10 millions de petites cotes sur 10,500,000, soit 5 millions de contribuables sur 5,100,000 (1) !

Celui qui n'a pour vivre et se suffire que son petit enclos, assorti d'un maigre attelage, ses 3 ou 4 hectares qu'il visite et cultive avec soin, celui-là calcule sou à sou la recette et la dépense ; il s'attache sans cesse à réduire celle-ci pour élever, grossir le chiffre de celle-là. L'impôt frappe ici, en effet, *le strict nécessaire*. Toute aggravation de charges est donc particulièrement sensible au contribuable dont le revenu diminue sans nulle compensation en retour.

Pour le grand propriétaire, pour l'heureux et riche rentier, c'est tout autre chose. Son revenu foncier, fût-il moindre qu'auparavant, la Bourse, la finance, la haute fonction sont là prêtes à le dédommager amplement de ses pertes. N'est-ce pas en effet dans ces régions que l'aristocratie semble avoir élu de nos jours domicile ?

C'est ainsi qu'en fort peu de temps, et à dater surtout de 1815, le vide se fait par degrés autour de la petite propriété. — Le mouvement des riches compagnies, les préoccupa-

______

(1) Voir l'*Appendice*, § I, *Docum. statist.*, lettre H.

tions ardentes de la haute finance, les associations de grands capitaux, eurent une remarquable affinité avec les goûts, les habitudes de tout ce qui re*tait en France de grands propriétaires. L'agriculture sera donc négligée, et la cause du Sol fut perdue dans l'esprit des gouvernants.

Ce que la grande propriété a de capitaux disponibles, elle le verse en conséquence, non dans les champs, à moins qu'il ne s'agisse d'arrondir un domaine, mais dans les sables de la Bourse, sur le Grand-Livre, dans les fortes compagnies. — Qu'est-ce en effet que le maigre intérêt de 2 1/2, 3 0/0 au plus que donne aujourd'hui la terre, auprès du 5 0/0 inflexible de la rente, de ce produit net d'impôts et franc *d'avaries ?...*

Il n'y avait pas à hésiter.

Les suites de cette émigration des hommes et des capitaux se devinent ; nous les avons déjà signalées.

Livré aux embarras d'une exploitation ignorante et besogneuse, délaissé, privé de secours, épuisé de sacrifices, le Sol va, en effet, depuis lors se fractionnant d'une façon misérable. La petite propriété foisonne, et la terre ainsi que son nouveau maître iront s'énervant à l'envi. La moyenne propriété démantelée sent que la place n'est plus tenable ; elle brigue un rôle moins ingrat, et c'est ainsi qu'on la rencontre sur tous les chemins demandant qu'on lui fasse un sort !

C'est ainsi que la grande propriété eut mieux, beaucoup mieux; du moins elle le croit, que ce que lui ont fait perdre les révolutions; — le budget aux vastes flancs fermera les brèches journellement faites à la richesse foncière. L'Etat fut appelé, en conséquence, à défrayer un peuple de fonctionnaires qui augmente chaque jour pendant qu'on fait le bonheur des grandes compagnies à la tête desquelles figure presque toujours un personnel influent.

Que si la recette courante ne suffit pas, le crédit se chargera d'escompter le travail des générations futures. — De même que l'impôt c'est l'Etat, c'est-à-dire les fruits de l'activité générale tristement dévoyés de leur usage productif, de même le crédit ce sera l'Etat faisant par voie d'emprunt, c'est-à-dire d'anticipations sur le revenu public, la part des charges improductives.

Aux capitaux qui s'éloignent ainsi du sol, la Banque de France offrit comme un public asile; c'est là que seront en quelque sorte centralisées sans profit pour le Commerce et l'Industrie, les forces, les ressources disponibles.

Le moment est venu d'examiner, en s'inspirant de l'histoire, les principes sur lesquels repose cette institution.

§ II.

CRÉDIT COMMERCIAL. — HAUTE BANQUE. — EMPRUNTS PUBLICS.

I

La Banque de France. — Banques rivales.

> « L'on ne pourra plus se plaindre qu'elle néglige le petit commerce pour réserver ses distributions à *la Haute-Banque*. » (Journal-Aubert, *Discours aux actionnaires*, 25 vendémiaire, an XII.)

L'origine de la Banque de France remonte à l'an VIII, date de ses Statuts fondamentaux.

> « L'époque de sa formation, disent les auteurs du *Dictionnaire universel de Commerce, Banque, Manufactures,* etc., est remarquable. La France avait alors à soutenir, ou pour mieux dire à continuer une guerre qui durait depuis longtemps. Le crédit était anéanti, l'intérêt de l'argent excessif, les spéculations de commerce presque impossibles par l'extrême difficulté de trouver des fonds...
> « Il ne paraît pas cependant, ajoute l'auteur de cette notice, que des circonstances aussi fâcheuses aient opposé *de grands obstacles* à l'établissement de la Banque... »

Quelque défavorables, en effet, que fussent les circonstances, le besoin de donner aux af-

faires une grande impulsion se faisait généralement sentir ; il dominait toutes les appréhen-
sions ; et le commerce accueillait avec confiance une création qui, pour rendre de grands
services, avait surtout besoin de changer d'al-
lures (1). La Banque de France, ancienne
Caisse des comptes courants, a sa place marquée
à côté de quelques comptoirs commerciaux
fort accrédités à cette époque. Un homme versé
dans les matières de finances, M. Deguer, auteur d'un écrit estimé sur le crédit commercial, s'était appliqué à démontrer l'utilité pour
le commerce d'une pareille fondation. Il fit
comprendre qu'une Banque serait tout aussi
avantageusement placée à Paris qu'à Londres,
qu'à Hambourg, *et réfuta*, disent les mémoires
du temps, *tous les vieux sophismes* à l'aide des-
quels on prétendait alors prouver que *jamais
chez nous* il ne pourrait se former de caisse de
crédit comparable *aux banques étrangères.*

A peine la Banque de France s'est-elle formée par l'émission de 30,000 actions de mille

---

(1) La *Caisse des comptes courants*, fondée en
l'an IV par une réunion de banquiers, avait son siège
place des Victoires. Son directeur, M. *Garat*, occupait
l'ancien hôtel Massiac, et devint, dans la nouvelle
organisation, *directeur général* de la Banque, pendant
que *Sorel* prenait la direction de l'escompte qu'il diri-
geait à la *Caisse des comptes courants*. (Voir pour
plus de détails la note, page 140.)

francs, qu'elle reçoit de la puissance publique un remarquable appui. C'est ainsi que le 28 nivôse an VIII, un arrêté des consuls mettait à la disposition du ministre des finances, pour servir, est-il dit, *à l'établissement de la Banque de France,* la maison nationale de l'*Oratoire* et *la ci-devant église* qui en fait partie, *rues Honoré* et de *l'Oratoire* : ce sont les termes de l'arrêté. L'article 2 porte qu'il en sera passé bail, pour vingt-sept ans, par le ministre des finances, aux régents de la Banque.

Le même jour, et par un arrêté distinct, signé Bonaparte, Ier consul, le gouvernement prescrit le versement à la Banque des fonds que recevra la Caisse d'amortissement. L'article 2 porte :

« La moitié des fonds provenant des cautionnements à fournir par les receveurs généraux de département, en exécution de la loi du 6 frimaire dernier, sera portée en compte courant au crédit de la caisse d'amortissement ; *l'autre moitié* sera convertie en actions *de la Banque,* inscrites au nom de la caisse d'amortissement. »

Voilà donc l'Etat, c'est-à-dire le pays tout entier, *actionnaire* de la Banque ; la nation est imposée à concurrence de 5 millions de francs, représentés dans cette entreprise particulière par 5,000 actions. — Là ne s'arrêteront pas les faveurs du pouvoir, tant est grande à cette époque l'influence de quelques maisons qui avaient soin de faire sonner haut, comme toujours, l'intérêt de la chose publique, l'intérêt surtout du Commerce de marchandises.

Dans le courant de cette même année, et le 23 thermidor, un arrêté des consuls décide que les rentes et pensions servies par l'Etat seront payées en numéraire ; la Banque est spécialement chargée de faire ces paiements. Un compte s'ouvre par suite entre elle et la Trésorerie nationale. Celle-ci fait les fonds au moyen *d'obligations* sur les receveurs généraux, obligations que la Banque dut encaisser. La commission qu'on lui alloue pour effectuer, tant au dehors que dans Paris, ces paiements, est de 1/2 0/0.

Tel est le point de départ de l'étroite intimité qui s'établit à dater de ce jour entre le pouvoir et la *Haute-Banque* (1). Trois ans s'étaient à peine écoulés depuis que la Caisse des comptes courants avait changé de nom, que le gouvernement prenait, au mépris des droits, des véritables intérêts de l'industrie, une grave initiative.

Voici, en effet, ce qui avait lieu.

Bien des gens sont encore aujourd'hui convaincus que la création de la Banque *dite* de

---

(1) On a pu remarquer, en lisant l'extrait du discours de M. Journu-Aubert, placé en tête de cet exposé, que la dénomination de *Haute-Banque* a pour elle en quelque sorte la consécration du temps.

France répond alors à un besoin tel que la prospérité du pays, le commerce, les affaires dépendaient en quelque sorte de la fondation d'un pareil établissement. Cette pensée tient à l'ignorance à peu près complète des situations. La Banque pouvait rendre de grands services, mais l'avenir du pays n'était nullement rattaché à cette institution.

Que les affaires eussent, en effet, besoin d'être stimulées, ainsi qu'il arrive après de violentes commotions, que l'intérêt de l'argent fût par suite excessif, et que le Trésor éprouvât, par exemple, de vifs embarras pour solder les services et faire face à tout, c'est ce que nul ne saurait contester. Mais que l'intervention d'un établissement de crédit, calqué plus ou moins heureusement sur la Banque de Londres, et devant, comme ce puissant comptoir, faire le service de la dette publique, dût être achetée par de grands sacrifices ; qu'il y eût, en conséquence, nécessité, non-seulement de rendre l'État actionnaire pour une somme alors considérable, mais d'armer, d'investir la Banque de France d'un redoutable monopole, au risque de consacrer une injustice en liant l'avenir que l'histoire dément.

Le jour où la compagnie puissante, qui s'installera plus tard dans le local de l'Imprimerie nationale, ci-devant hôtel Penthièvre, se faisait accorder *le privilége* EXCLUSIF d'émettre des billets payables *à vue et au porteur*, non-seulement elle opérait en violation du droit commun, mais elle se servait du pouvoir politique pour violer tous les *droits acquis*. C'est ce qui ressort clairement de l'article 30 de la loi du 24 germinal an XI, institutive du privilége de la Banque :

« La *Caisse d'escompte* du commerce, porte cet article, le *Comptoir commercial*, la *Factorerie* et autres associations qui ONT ÉMIS des billets à Paris, ne pourront, à dater de la publication de la présente, *en créer de nouveaux*, et seront tenus DE RETIRER ceux qu'ils ont en circulation d'ici au 1er vendémiaire prochain. »

Ainsi, au moment où la Banque de France obtient pour quinze ans le privilége *de battre monnaie, il existe* à Paris *des* établissements commerciaux parfaitement *en possession du droit commun à cet égard*. Quelques-uns, tels par exemple que la *Caisse d'escompte du Commerce,* non-seulement rendaient aux marchands, aux fabricants, de signalés services, mais leur fondation remonte à l'an VI, époque où la Banque de France fonctionne à titre de simple *Caisse des Comptes courants* et où nul ne songe encore à s'arroger le monopole de l'exploitation du crédit.

La Caisse d'escompte du Commerce, *rue de Ménars,* n° 5, formée par des maisons de toute honorabilité dans le Commerce de marchandises, était un auxiliaire justement en possession de la faveur publique. Voici, du reste, ce qu'on lit à ce sujet dans le *Dictionnaire Commercial*, déjà cité, publication *dédiée* à la Banque elle-même :

« La Caisse d'escompte avait plus pour but de procurer à ses actionnaires et aux marchands DES FACILITÉS pour leur commerce *que de chercher des bénéfices dans les opérations qui s'y faisaient.* » (*Dict. de commerce*, édit. de 1805.)

Un établissement qui peut se rendre publiquement ce témoignage a quelque droit, ce semble, à la justice des contemporains. La Caisse d'escompte était parvenue, dans ces moments difficiles, avec un capital minime, 6 millions espèces seulement, et 20 millions de billets ou obligations souscrites, à élever dans une seule année le chiffre de ses escomptes au-dessus de 153 millions. L'argent devenant rare, cet établissement dut, au lieu d'une mise de fonds, se contenter des billets de ses actionnaires garantis par des immeubles d'une valeur double du chiffre de l'obligation, ce qui, pour le dire en passant, témoigne d'une foi assez vive à cette époque dans la solidité du gage foncier.

Mais tout cela est de peu de poids dans les sphères où la Banque de France se fait chaque jour de plus en plus écouter. La Caisse d'escompte, qu'on supprime sans façon en lui interdisant le droit de battre monnaie, n'avait pas le choix des alternatives : elle dut entrer immédiatement en liquidation. L'année suivante, chacun pouvait lire dans l'*Almanach du Commerce*, publié par *Duverneuil et de la Tinna*, l'extrait de son acte de décès, dont il convient de rappeler textuellement les termes (1).

Que l'on ait songé en cette occasion, comme toujours du reste, à ménager une de ces fusions mensongères où les plus forts intéressés perdent peu ou point dans le naufrage des droits de la masse, c'est ce qui est au fond sans importance ; ce qui est certain, c'est que, sous la pression d'une compagnie de banquiers, le pouvoir parle, il décrète, et il n'y a plus véritablement qu'à se soumettre. En conséquence la Caisse d'Escompte, qui pendant cinq ans et plus avait rendu au commerce de la capitale d'importants services, dut s'effacer et abdiquer. — Du reste, qu'on veuille bien le remarquer, ce n'est pas tant l'actionnaire que le public qui est frustré le jour où l'on sup-

---

(1) « Cette caisse, formée par l'association de 600 maisons de commerce, a ÉTÉ FORCÉE, par le privilége accordé à la Banque de France par la loi du 24 germinal an XI, DE RETIRER SES BILLETS de la circulation. Elle a arrêté *sa dissolution* dans l'assemblée générale de ses actionnaires. » (Liquidateurs : J. Th. Nicolas, dir. gén., et Augustin Debourge.)

prime ainsi violemment un rouage utile et qui
était par dessus tout COMMERCIAL (1).

---

(1) « La capitale offrait quelques établissements de
ce genre, mais ils étaient *purement commerciaux.* »
(*Dict. univ. de comm.,* t. 1, année 1805.)

Pour donner une idée du caractère de deux comptoirs dont l'un était *forcé* de disparaître devant la toute-
puissance de l'autre, il doit suffire de mettre en regard le personnel administratif de ces établissements
rivaux. — L'on verra jusqu'à quel point la *Caisse des
comptes courants,* devenue Banque de France, a pu
et dû être, pour le Commerce proprement dit, l'équiva-
lent de la *Caisse d'escompte.*

N. B. — Les noms des personnes qui forment l'administration de la Banque et les noms de celles qui avaient
appartenu à la Caisse des Comptes courants, sont ici
marqués des initiales C. C. (*Comptes Courants.*)

BANQUE DE FRANCE AN XII. — CAISSE D'ESCOMPTE AN VIII.
Conseil de régence.   Administrateurs.

Conseil de régence.	Administrateurs.
PERRÉGAUX, *banquier,* pr du c¹.	Fr. DELOR, mᵈ *de soie,* fbg. Denis.
BASTIDE fils, *banquier.*	GALLEMANT, *quinc.,* r. B.-l'Abbé.
Ch. DAVILLIER, *nég.,* C. C.	GUYOT DE LISLE, *pelletier,* place du Chevalier-du-Guet.
DELESSERT et FILS, *banquiers.*	FERREL, m. *de draps,* r. Honoré.
DESPREZ, *banquier,* C. C.	MERMILLIOD, *tabl.,* r. Philippeau.
DOYEN, *banquier,* C. C.	MAGNIER, *mercier,* rue Denis.
LECOUTEULX-CANTELEUX, *nég.*	SCHRADER, *négoc.,* r. Tiquetonne.
MALLET aîné, *banquier.*	LAGORCE, *négociant,* r. de la Loi.
RÉCAMIER, *banquier,* C. C.	BRUNEAU, *négociant,* rue du Mail.
SÉVÈNE, *banquier.*	D. COLIN, *nég.,* r. de l'Arbre-Sec.
THIBON, *négociant.*	Rémy CLAYE, *épicier,* r. Martin.
HOTTINGUER, *banquier.*	LOGETTE, *quinc.,* r. B.-l'Abbé.
MARMET, *négociant,* C. C.	*Nota.* « L'administration se renouvelle tous les trois mois. »
DRION, *négociant.*	
CORDIER, *négociant.*	

Censeurs : JOUENNE-AUBERT, *négociant.*
Soénée.
MARTIN PUECH, *banquier.*

A cela ne se bornent pas *les exécutions* de la Haute-Banque.

Il existait, on l'a vu, dans le même temps un *Comptoir commercial* connu sous le nom de *Caisse Jabach*. Cette Caisse, placée dans un autre quartier, venait aussi en aide au Commerce de marchandises. Ce Commerce joue, on le sait, dans les affaires le principal rôle. Le Comptoir commercial fondé en l'an IX, par

---

Direct. gén. : GARAT, maison Massiac, C. C. *Directeur*.
Caissier gén. : DELAFONTAINE,   C. C. *Caissier*.
Direc. d'esc. : SOBET,   C. C. *Dir. de l'escompte*.
Conseil :   PÉRIGNON,   C. C. *Conseil*.

Nota. — La Société se réunit UNE FOIS *tous les ans* en *assemblée générale.*

Art. XVI des Statuts : « Les régents seront renouvelés *chaque année* par cinquième, et les censeurs par tiers. »

De bonne foi, quel rapport y a-t-il entre ces deux ordres de faits ? D'un côté, quelques hauts banquiers étroitement unis ensemble par une communauté d'intérêts qui est l'antithèse du crédit, de la production à bon marché ; de l'autre, le Commerce de détail qui ne vit, ne prospère que par le bon marché de toutes choses.

En quoi la Banque, ancienne Caisse des comptes courants, qui maintient à leur poste le *directeur de l'escompte, le Conseil, le Directeur*, enfin, de l'ancienne société, M. Garat, peut-elle raisonnablement se flatter de répondre par son organisation à l'organisation toute d'affaires et de pur négoce de la Caisse d'escompte ?

Il ne faut que voir et comparer pour comprendre ce que dut perdre à cette prétendue *fusion* le Commerce de la capitale.

MM. Ferdinand Jacquemart fils et Doulcet d'Egligny, avait son siége dans le local occupé aujourd'hui encore par le passage *Jabach*, quartier Saint-Martin, vers l'angle des rues Saint-Martin et Neuve-Saint-Merry, ou comme on disait alors *Saint-Médéric*. Cette caisse faisait l'escompte du papier de marchandises sur Paris et sur les départements. Elle émettait, comme la Caisse du Commerce, des billets de circulation dits *au porteur*, par coupures de 250, 500 et 1000 francs. Comme la Factorerie et la Caisse d'escompte, ce comptoir est atteint par l'institution du privilége accordé à la Banque. Il dut en conséquence *retirer* insensiblement *ses billets* de la circulation, et se borna plus tard à verser le contenu de son portefeuille à la Banque, suivant l'usage de tout banquier escompteur qui fournit la troisième signature. C'est ce que les financiers de l'époque appelaient dans un langage singulièrement atténuant *faire des arrangements sagement combinés* (1).

---

(1) « Le Comptoir commercial est devenu actionnaire de la *Banque*, dit M. Journu-Aubert, l'un des censeurs, dans son discours aux actionnaires, séance du 25 vendémiaire an XII, pour la totalité de son capital, et néanmoins, par des arrangements *sagement combinés*, et à des conditions réciproquement utiles, il continuera d'être bureau d'escompte pour ses actionnaires, mais uniquement *avec des billets de la Banque de*

Ainsi là où existait, où florissait le principe *de la liberté des banques*, c'est-à-dire la concurrence des marchands de crédit battant monnaie à leurs périls et risques, et opérant sur ce terrain avec de véritables avantages pour le Commerce, les gens du monopole, aidés par le pouvoir, venaient tout détruire, tout supplanter, s'imposer en quelque sorte au pays (1).

C'est toujours, on le voit, la liberté qui est ancienne, et le *Monopole*, c'est-à-dire le despotisme de quelques-uns, qui est nouveau. — La faculté de battre monnaie s'exerce, en effet, chez nous à une époque où la Banque de France n'a point encore réussi à confisquer le droit commun. Qu'on s'étonne si ceux dont le premier pas est marqué par cette injustice méconnaîtront plus tard les droits, les véritables nécessités du Commerce. Au reste, le programme de la Haute-Banque était, comme il arrive toujours, pompeux et magnifique :

France, tous autres étant absolument supprimés. Ces billets ne lui seront donnés qu'en échange des papiers de son portefeuille cédés et escomptés à la Banque. Il n'y a point là *de privilège* tout particulier avec des capitaux pourrait avoir la même faculté. »

L'observation ci-dessus faite s'applique à ces étranges paroles.

(1) M. Thiers, président du Conseil en 1840, rappelle les craintes qu'inspirait à la Banque *la rivalité* des établissements de crédit fonctionnant aux environs de l'an XI. (V. le *Moniteur*.)

« Puissions-nous voir *l'heureux temps*, avait dit dans la séance des actionnaires déjà rappelée, M. Journu-Aubert, censeur, puissions-nous voir l'heureux temps où ce jeu périlleux, ce métier qui ne peut *rien créer*, *rien produire*, qui ne peut enrichir *qu'en déplaçant les fortunes*, sera assez décrié pour que personne n'ose s'y livrer ! »

Ce sont là de nobles paroles, et l'on reconnaît à cette peinture l'ardeur fiévreuse du jeu, l'agiotage ; mais la suite est venue prouver que ceux qui s'exprimaient ainsi trompaient le pays ou se trompaient. L'abus naît de l'abus lui-même. Il était dans les destinées de ce privilége de donner un nouvel aliment à des passions détestables.

La Banque de France, en acceptant les faveurs du pouvoir, avait fait un pacte qui devait être fatal à l'un ou à l'autre des contractants, sinon à tous deux.

Pour le génie entreprenant du Ier Consul, qu'est-ce que la Banque, sinon un puissant levier constamment au service de la raison d'Etat ? Aussi, lorsqu'on discute en l'an XI le chiffre du capital que doit posséder cette succursale du Trésor, celui qui sera bientôt empereur exprime sans détour sa pensée : La Banque de France doit être, avant tout, placée *dans la main* de l'Etat. En conséquence, il y aura bientôt dans ce système un gouverneur, un sous-gouverneur, nommés par le pouvoir et largement rétribués. Il y eut en outre à côté du Comité des billets, du Comité des livres et du Portefeuille, un Comité des relations *avec le Trésor public* et les receveurs généraux (décret de 1808, art. 62) ; d'autre part, l'on a soin de confirmer les dispositions de la loi de l'an XI qui restreignent le bénéfice des actionnaires et qui obligent à convertir en inscriptions de rentes 5 pour 100 tout ce qui excédera certaines limites. C'est ainsi qu'on ajouta à l'importance du fonds de réserve, lequel dut être lui-même converti en fonds public pour tout ce qui constituait les ressources disponibles antérieures. Le pouvoir, à cette époque, s'appelle Austerlitz, Wagram, Iéna ; il entend décréter la hausse et le crédit, comme il décrète la victoire. Il ne faut pas que, faute d'un écu, ses équipages de guerre, ses fourgons courent le risque d'arriver trop tard sur le Rhin ou sur le Danube. La Banque sera donc appelée à étayer de son crédit le crédit de l'État, et voilà que l'on rend en quelque sorte sa fortune solidaire de la destinée du Grand-Livre. De là ce compte courant toujours ouvert entre la Banque et le Trésor, qui ne se fera pas scrupule d'y puiser à l'occasion (1).

Ce fut donc comme un échange entre l'homme

---

(1) Voir à l'*Appendice*, § II, notes et dévelop., lettre *g*, comment la Banque acquitte en 1805 ses billets au porteur.

qui concentrait en sa personne le souverain pouvoir et quelques grands spéculateurs, venus la plupart de l'étranger et familiarisés avec les situations extrêmes. L'Etat ne faisait nulle difficulté d'abandonner à des banquiers l'usage d'un droit qu'il savait à cette époque ne pouvoir exercer sans exciter la défiance ; et la Haute-Banque, investie du privilége exclusif de battre monnaie, mettait en retour à la disposition du maître un dévouement dont elle espérait pouvoir à son gré limiter en toute occasion les marques, en attendant qu'elle pût faire ses conditions. — *L'emprunteur*, remarque Franklin, est finalement *l'esclave du prêteur*.

La loi du 24 germinal an XI porte à 45 millions le capital de la Banque, représenté par 45,000 actions. Le triste épisode de 1805 avait soumis cet établissement à un genre d'épreuve auquel nul ne voulait à l'avenir rester exposé. En conséquence, un nouveau décret daté du 22 avril 1806 vint doubler le chiffre du fonds de garantie, qui fut porté à 90 millions de francs. Seulement, et comme pour dédommager la compagnie qu'on laissait au surplus maîtresse de fixer les termes et les proportions de l'émission, le privilége de la Banque fut prorogé de 25 années, alors que les 15 ans formant la première période commençaient à peine de courir !

Quelques années plus tard, le chiffre de ce capital de garantie était réduit à 67,900,000 francs, non compris la réserve, suivant qu'il est dit dans loi du 4 juillet 1820 sur le partage des bénéfices de la Banque. A cette époque, l'on distribuait aux actionnaires 13,768,000 francs, pendant qu'une somme d'environ 4 millions était employée à l'acquisition de l'hôtel Penthièvre.

C'est avec ces faibles ressources que la Banque a successivement réalisé des bénéfices qui ont doublé et plus que triplé pendant un certain temps la valeur de ses actions. Elles furent, en effet, cotées au-dessus de 3,500 fr. sous le dernier règne ; aujourd'hui encore leur prix dépasse 2,200 francs. Cela n'a rien de surprenant lorsqu'on réfléchit qu'avec un capital de 67 millions environ, capital engagé en grande partie dans les fonds publics, et productif dès lors d'intérêts distincts, la Banque a élevé en moyenne le chiffre de sa circulation en billets au-dessus de 200 millions, soit trois fois environ le capital engagé. Ainsi chaque 1,000 fr. de mise ou de versement a fonctionné depuis cinquante ans comme si l'on eût, en réalité, versé une somme quadruple. De là des bénéfices qui représentent, en moyenne, 14 pour 100 et parfois 16 pour 100, suivant que le fait remarquer l'auteur du livre sur *le Crédit et les Banques* (1).

---

(1) Après avoir rapporté comment en 1844 la Ban-

Il n'entre point dans le plan de cette exposition de s'attacher aux détails du mécanisme pour montrer combien la Banque de France répond mal aux besoins du pays. Outre que les traités sur la matière abondent, et qu'une foule d'hommes compétents ont inutilement signalé depuis vingt ans les vices de cette institution, notre but ici est autre. Nous envisageons la Banque à un point de vue en quelque sorte général. Ce que nous voulons surtout constater, en remontant des effets aux principes du crédit, c'est la part qui lui revient dans l'état actuel des affaires, dans la bonne ou mauvaise direction donnée aux capitaux mobiliers, dans l'administration, en un mot, de la fortune publique. — Nous n'aurons pas de peine à faire voir que par les règles qui forment la base de son institution, par l'esprit

---

que, voyant fléchir ses bénéfices, se plaint de l'escompteur qui lui fait concurrence, M. Coquelin ajoute :

« Elle n'avait réalisé cette année-là qu'un *modeste intérêt* de 9 p. 100, non compris cependant les rentes acquises avec *son capital* et qui lui procuraient une recette annuelle de 4,952,585 francs, ce qui élevait bien à 16 p. 100 le chiffre définitif des dividendes acquis à ses actionnaires. *C'était trop peu aux yeux des directeurs.* Pendant ce temps, il est vrai, les simples capitalistes étaient obligés de se contenter de quelques 3 p. 100 péniblement perçus sur les fonds qu'ils plaçaient *non sans quelques risques* chez des banquiers particuliers... » (*Du Crédit et des banques*, 1848.)

Pauvres actionnaires, condamnés à palper en moyenne 14 à 15 p. 100 de dividende !...

qui préside à sa conduite, la Banque n'a cessé d'être un OBSTACLE à l'établissement du crédit commercial.

Aussi voit-on, sous l'influence de ce monopole envahissant et jaloux, le système des banques départementales prendre une difficile extension. Les efforts tentés, il y a quelques années, par le commerce de Dijon, de Toulouse, pour l'établissement de banques locales, sont encore présents à tous les esprits. — En 1846-47, et alors qu'une nouvelle compagnie se formait à Bordeaux pour mettre un terme, sur cette place, à l'exploitation du crédit tel que la Banque de France l'a en quelque sorte inoculé, partout enseigné, l'on voit cet établissement patroner activement les monopoleurs dont le privilége va expirer. Les hommes de la banque centrale descendent dans la lice pour soutenir une société qui n'abaissa jamais au-dessous de 5 pour 100 le taux de l'escompte. C'est ainsi que la Banque de Bordeaux put distribuer, en moyenne, 13 pour 100 à ses actionnaires. Les prétentions autocratiques de la Banque de France sont à cette époque trop bien caractérisées par le commerce bordelais pour ne pas être ici rappelées :

« Jusqu'à ce jour, dit le mémoire publié à cette occasion, nous avions pensé que la Banque de France, *suffisamment préoccupée de la crise qui pèse sur elle*, avait renoncé à la prétention *de gouverner à son gré le mouvement financier du royaume*; que, se bornant à établir ses comptoirs dans les villes qui peuvent en réclamer, elle laisserait aux grands centres de population le soin de s'aider *de leurs propres capitaux* et d'organiser à leur convenance, sous l'égide des lois et la sanction des pouvoirs législatifs, les bases d'établissements qui, pour être utiles et prospères, ont besoin d'une confiance libre et non d'*une domination étrangère*...

« La Banque de France, qui en est bientôt à son deuxième emprunt pour parer à la crise que nous traversons ; qui délibère pour savoir si elle émettra les 22,100 actions qu'elle a dans le temps retirées de la circulation, ou si même elle ne vendra pas tout ou partie de ses fonds publics (50,689,580 fr.); — qui, *après avoir empêché* la création à Alger d'une banque locale, *dont tous les fonds étaient déjà faits*, n'a pas encore jugé à propos d'établir dans cette ville, aujourd'hui si importante, la succursale que la loi lui a concédée *depuis deux ans tout à l'heure ;* — qui, après avoir fondé des comptoirs à Lyon, à Lille, à Rouen, les supprima *dès que les bénéfices ne répondirent pas à son attente* (p. 73 du travail de M. Gautier, 1839); — la Banque de France, disons-nous, regrette peut-être de ne nous avoir pas déjà sous sa dépendance pour semer ici les *terreurs* qui l'environnent dans la capitale ! Elle veut nous *lier à jamais à son sort...* » (1)

Voilà comment s'exprime le commerce d'une cité de premier ordre au sujet des établissements de crédit fondés chez nous sous l'influence du monopole ; voilà comment des armateurs, des marchands, des maisons de commission, des hommes *d'affaires*, enfin, jugeaient *avant* 1848 le rôle de la Banque !.....

____

(1) Voir, pour plus de détails, l'*Appendice*, § I, doc. statistiques, lettre I.

Pour eux, comme pour l'opinion qui accuse cet établissement de rester bien au-dessous de ce que le Commerce est en droit d'attendre ; pour les populations du dehors, comme pour le commerce de la capitale, la Banque est un établissement qui subordonne et sacrifie généralement les besoins du pays *à l'intérêt de ses actionnaires*. On verra bientôt que, tout en cultivant d'assez près l'intérêt des exploitants du fonds de garantie, la Banque est, en réalité, gouvernée par une ambition autrement vaste. L'intérêt de la Haute-Banque se fût trouvé bien à l'étroit s'il eût été réduit à compter avec les exigences de quelques porteurs d'actions (1).

---

(1) Les partisans du monopole se laissent quelquefois entraîner à d'étranges aveux. Voici comment s'exprimait en 1840 M. Thiers, président du conseil des ministres et défenseur chaleureux du privilége de la Banque :

« Sur quels principes Napoléon a-t-il établi la Banque?... Sur ceux-ci, messieurs: qu'il fallait qu'une banque ne prît que du papier bon et solide, c'est-à-dire qu'elle n'escomptât que le papier provenant *du Haut commerce*. » (*Moniteur*, séance du 20 mai 1840.)

Certes, les adversaires de la Banque n'ont jamais plus clairement instruit son procès. — Tout montre jusqu'ici, en effet, que cette institution est d'essence aristocratique; mais il est utile de le voir reconnu, hautement proclamé à la tribune nationale il y a dix ans, par les apologistes officiels du privilége!

M. Thiers sait beaucoup ; son esprit vif et *ductile* se plie aisément à tous les genres de discussion ; mais il est une chose que M. Thiers ne saura jamais ; — *se taire.*

Aussi, dans ce système, il fallut le concours de trois signatures, *notoirement solvables*, pour jouir de la faveur de l'escompte. L'on ne pouvait plus clairement décréter, dans une ville d'un million d'âmes, la nécessité des intermédiaires, du banquier escompteur, qui firent payer en conséquence le courtage ; d'où une perte pour tout ce qui produit et travaille. Plus, en effet, l'on est forcé de recourir à l'intervention d'agents salariés, plus le producteur, plus le Commerce qui remplit un rôle utile sont rançonnés, et plus la consommation par suite est languissante. La Banque, en entourant l'escompte de difficultés, fait ressortir, en réalité, à 6 et 8 pour 100 ce qu'elle vend 4 aux escompteurs, et ce qui ne lui coûte rien à elle-même. — Voilà comment le Monopole débite à un prix auquel le grand nombre ne peut atteindre ce que la libre exploitation du crédit en banque débiterait à bon marché : — les capitaux.

Or, chose remarquable, pendant qu'une association de banquiers prend ainsi chez nous position au cœur des affaires, pour centraliser d'immenses ressources dans un intérêt de change, d'*arbitrage*, l'Union américaine était en train de décupler sa richesse intérieure, à la faveur de la liberté des banques. La Banque de France affiche la prétention de suffire aux nécessités d'un million d'habitants, sans parler de la sphère d'action dans laquelle elle se meut au dehors ; et voilà l'État de New-York qui compte à lui seul, pour une population de moins de 2 millions d'habitants, avant 1830, *trente-sept* banques ; celui de Rhode-Island, peuplé à la même époque de moins de 100,000 âmes, en compte *quarante-sept*. L'on a ainsi sous les yeux ce rare spectacle d'un pays comme la France disposant pour 30 millions d'habitants d'un nombre de banques *inférieur* à celui qu'offrait, dans le même temps, une province au delà de l'Atlantique, un simple département !...

Il est vrai que la Banque a pour principe, lorsqu'une succursale ne donne pas d'immenses bénéfices, — 16 pour 100 par exemple, — de supprimer tout comptoir d'escompte (1).

Voilà comment on servit en France le Commerce de marchandises ; voilà comme l'on vint en aide à la production, à la fabrication, aux affaires. — Qu'on s'étonne si de toutes parts les plaintes éclatent, et si du centre à la circonférence chacun ressent aujourd'hui l'im-

---

(1) Le fait de la suppression du comptoir de Rouen a été rappelé en 1840 par M. Grandin, à l'occasion du renouvellement du privilége de la Banque. L'ancien député de la Seine-Inférieure jugeait d'un seul mot cette inqualifiable mesure. Il rappelle que plus tard une banque s'établit à Rouen, et qu'en peu de temps ses actions de 1,000 fr. montèrent à 2,000 fr. Cela donne une idée du véritable rôle de la Banque centrale.

périeux besoin d'éhapper à ce fatal *étrangle-ment* du crédit (1).

Ainsi, le lendemain du jour où la propriété immobilière obéit en France à l'action du principe démocratique, on voit les capitaux mobiliers se grouper, s'assembler, comme pour occuper la place laissée vide par l'aristocratie du Sol, que l'aristocratie de l'écu viendra remplacer.—Le pouvoir, sans tenir aucun compte des droits acquis, met dans la main de quelques hommes l'immense levier du crédit public et particulier.

La Propriété, le Négoce, l'Industrie, l'État lui-même sauront plus tard ce que coûte ce fatal abandon du droit commun.

II

CONSTITUTION DE LA HAUTE BANQUE.

Élément cambiste et Papier de marchandises.

La Révolution de 89, en émancipant le pays, vint donner à l'activité du grand nombre une impulsion dont tout devait bientôt se ressentir. Ce fut comme une nouvelle vie pour le peuple, dont les besoins, le génie, jusque-là comprimés, allaient pouvoir prendre enfin un libre

(1) Voir l'*Appendice*, § II, notes et dévelop., lettre *h*.

essor. Cette situation fut particulièrement comprise des spéculateurs, gens à l'affût de la circonstance et qui ne professent d'autre dogme, d'autre culte que le culte et le dogme des intérêts. Ce qu'il faut à ces hommes qui opèrent, on peut dire, dans l'ignorance du nom du souverain, c'est un vaste champ de manœuvre dans lequel la spéculation trouve son inépuisable et constant aliment. La révolution faite, on les voit entrer d'un pas résolu sur le terrain fraîchement déblayé ; le crédit, à peine exploré, fixe surtout leur attention ; car pour ceux qui possèdent en quelque sorte le don de seconde vue, là est l'avenir, là sera désormais la toute-puissance.

De même qu'au début de la conquête il se forme une féodalité guerrière à laquelle tout obéit et dont tout relève ; de même, dans le champ bien autrement vaste du trafic, il s'opérait chez nous une concentration de forces qui fera de l'homme de Haute-Banque l'arbitre de la richesse publique. Les intérêts se groupent, se forment bientôt en faisceau, et c'est ainsi qu'à l'aristocratie, dont les débris couvrent le sol, on verra succéder en peu de temps un pouvoir aristocratique transformé, qui, pour être nouveau, n'en sera que plus redoutable.

La Banque de France est le centre de ralliement de cette moderne féodalité ; c'est sur le terrain des affaires que vont se réunir, se coaliser, s'entendre les nouveaux maîtres du travail national. —L'Angleterre a, du reste, donné là-dessus des exemples qui ne seront pas perdus.

Lorsque la Caisse des comptes courants, fondée en messidor an IV, prenait avec l'appui du pouvoir central le titre ambitieux de *Banque de France*, Paris, comme place de *change*, d'*arbitrages*, n'avait qu'une médiocre importance (1). Hambourg, Londres, Amsterdam, France-

---

(1) Le change, considéré dans ses résultats généraux, c'est le paiement, *sans exportation d'espéces métalliques*, des dettes réciproques des nations, des cités qui commercent ensemble. Il est haut ou bas, suivant que la *demande* de papier, de telle monnaie locale, est abondante ou rare. Le banquier cambiste spécule sur ces divers besoins. — Le commerce du change consiste à payer, faire recevoir en divers lieux telle ou telle somme, à l'aide d'un papier particulier appelé *lettre de change*. Dans toutes ces opérations, il s'agit de changer les monnaies étrangères, soit *que l'on achète ou que l'on vende*, en monnaie de cours du pays où l'on en fait la vente ou l'achat.

Découvrir la voie *la plus avantageuse* pour *tirer* des lettres de change sur une ou plusieurs places étrangères, ou pour y faire des *remises*, tel est l'objet *des arbitrages de banque*. Ce qu'il faut ici, c'est se rendre un compte exact de la manière dont les monnaies de chaque place *changent entre elles*, des fluctuations du cours; soit qu'il s'agisse d'exécuter des ordres de banque, soit qu'on veuille soi-même *tirer* ou *remettre*.

Autant ce genre de trafic rend au Commerce de précieux services, lorsqu'il opère sur le terrain des affaires

fort, la petite cité d'Augsbourg elle-même, avec ses 30,000 âmes, figuraient au contraire, pour ce genre de trafic, en première ligne. Le commerce *cambiste* suppose une puissante agglomération d'affaires et de capitaux. Ce sont, par exemple, de grandes foires annuelles, des marchés européens, comme ceux de Leipsick, de Brescia, de Beaucaire, un commerce de transit considérable, de riches fabriques, qui, créant avec le dehors d'immenses relations, rendent indispensables de fréquentes remises pour suppléer au déplacement de numéraire. Or, à cette époque, Paris n'était ni un grand centre de capitaux, ni le siége d'une grande fabrication, d'un vaste transit ; c'était une ville de luxe, de consommation, d'où peu ou point d'aliment pour le papier cambiste.

Nous avons dit comment la *Banque de France* est née en l'an VIII d'un compromis entre le Trésor, dont les besoins étaient grands, et quelques banquiers venus de l'étranger et las d'opérer à l'étroit (1). Ce que Paris, aux prises

proprement dites ; autant, lorsqu'il se place sur le terrain du jeu, de *l'accaparement*, il fuit le vide et porte au travail, à la production, de graves atteintes. — Tel a été depuis 25 ans surtout le rôle du banquier cambiste.

(1) Le commerce de Haute-Banque comme l'assurance maritime est une importation étrangère.

Les Rougemont-Lovemberg, les Scherer, les Mosselmann, les d'Etchégoyen, les *Hottinguer*, les Mettman, les avec la France provinciale et forcé de compter avec les États de Bretagne ou de Languedoc, n'avait pas été jusque-là, il pouvait, il devait le devenir en très-peu de temps sous l'effort d'une centralisation puissante. Aussi le jour où la Haute-Banque se voit patronée par la raison d'État, elle comprend qu'un horizon à peu près sans bornes s'ouvre devant elle. Trois ans s'étaient à peine écoulés depuis que la Banque de France fonctionnait comme caisse centrale du Trésor, qu'on obtenait pour elle le droit *exclusif* de battre monnaie *sans bourse délier*, à l'aide d'un privilége quasi-royal. — Le Commerce de marchandises est intéressé, répètent les hommes de l'*agio*, à ce que la grande affaire du crédit soit fortement condensée. Et le pouvoir, qui n'a guère foi que dans la force, cède

---

Tiberghien, les Weiss, les Walz et comp., les Schwartz, toutes fortes maisons de banque de cette époque, trahissent une origine qui n'a rien de français. Aussi, par une rare précaution, la Haute-Banque avait soin de stipuler à ce point de vue. L'article 3 des statuts de l'an XII porte, par dérogation sans doute au droit qui régit certaines propriétés, et notamment les navires du commerce :

« Les actions de la Banque de France pourront être possédées par *des étrangers*. »

De semblables précautions n'étaient pas inutiles en face d'un pouvoir ombrageux. Le chef de la maison *Hottinguer* put ainsi siéger en toute assurance dans les conseils de la Banque, suivant qu'il arrivait en an XII.

à la pression de quelques hommes qu'il regarde comme des bailleurs de fonds.

Inutile de dire que les intérêts véritables du négoce étaient ici méconnus, pleinement sacrifiés. — Le Commerce, comme tous les agents qui remplissent un rôle utile, est mêlé à l'œuvre immense de la production ; il travaille et s'inspire des besoins du grand nombre : telle est sa base constante d'opération. Le Commerce, c'est donc par-dessus tout, avant tout, du *travail utile*. Or le travail vit de liberté, non de contrainte et de vasselage ; ce qu'il lui faut, c'est l'égalité. A ces conditions seulement, il se développe, il progresse, il atteint toute sa croissance ; c'est ainsi qu'il contribue pour sa part à améliorer le sort de tous, producteurs et consommateurs, car il est lui-même producteur et consommateur tout ensemble. Le Commerce n'a donc que faire de priviléges qui lui vendent cher dans certains cas ce qu'il doit débiter *au plus bas prix possible* pour étendre le cercle de ses relations. Vivant des fruits de son travail, il ne sépare pas sa cause de tout ce qui produit et consomme (1).

---

(1) Ni le Comptoir commercial d'escompte de l'an IX, ni la Caisse d'escompte et du commerce de l'an VI qu'on étranglait sans bruit en l'an XI n'avaient songé à réclamer le privilége *exclusif* de battre monnaie. Il est vrai que c'étaient là des établissements, non

Le cambiste, au contraire, banquier cosmopolite, que la grandeur, la prospérité d'un pays, l'extension de tel ou tel marché ne sauraient dès lors intéresser, spécule sur le numéraire, c'est-à-dire sur l'agent même de la circulation dont il précipite et **ralentit** le cours à son gré (1).

---

de Haute-Banque, mais purement *commerciaux*, c'est-à-dire fonctionnant dans l'intérêt de la production.

(1) Le trafic cambiste opère à diverses fins :

1° La lettre de change est dans ses mains un moyen de solder, ainsi qu'il a été dit, *sans exportation de numéraire*, les achats et les ventes des villes, des nations entre elles. Ici, le banquier cambiste remplit, au profit du commerce de marchandises et de la production, par suite, un rôle dont l'utilité n'est méconnue par personne ;

2° Le cambiste sait qu'à Milan, telle monnaie, le papier d'une ville anséatique, par exemple, est fort demandée. — Il s'adresse à ses correspondants et donne l'ordre d'acheter une certaine quantité de cette monnaie ou lettres de change, qu'il fait diriger sur Milan, où elle est vendue à des prix avantageux ; puis, le correspondant se couvre par un tirage du montant de l'opération. Ici, le cambiste spécule, il opère à *découvert*, il achète du papier en vue d'un besoin prévu, il travaille sur *la monnaie*, pour la vendre au Commerce le plus cher possible, et dérange *ici* les calculs de la production qu'il rançonne *là bas*. — On répondra qu'il n'est pas plus défendu de *spéculer* sur telle marchandise dont le débit est parfaitement licite que sur telle autre ; que l'abondance, la rareté de la demande de papier sont des faits dont s'empare ici la spéculation, comme elle s'empare de l'abondance des *ordres* sur le coton ou sur le blé ; d'accord. Mais ni le commerce du co-

Si la livre sterling ne permet de rien faire, l'on se rejettera sur le ducat de Hollande fort demandé sur cette place; si Paris fait peu en ce moment, Londres, Berlin, Vienne, Hambourg donnent un *agio* qui permet d'opérer avec avantage, en prenant, suivant l'occasion, la voie du change *direct* ou *indirect*. Ici l'on vend le rouble avec bénéfice, après l'avoir acheté ailleurs à bas prix et fait brusquement le *vide*,

---

ton, ni le commerce des denrées coloniales ne disposent, *par privilége*, de vastes *entrepôts* qui leur permettent de faire à leur gré le plein ou le vide, *d'accaparer* la marchandise, d'en élever, d'en précipiter arbitrairement le cours et de rançonner par suite outre mesure *producteurs et consommateurs*. Or, voilà ce que fait la Haute-Banque qui opère sur la *marchandise* du papier de Commerce au moyen du puissant *entrepôt* de capitaux dont elle a les clés : la Banque de France; .

3° Un autre jour, l'homme de Haute-Banque se fait le bailleur de fonds de la puissance publique; il lui vend ce qu'il appelle *ses* capitaux. — Pour agir ainsi, le banquier cambiste a dû rassembler le numéraire disponible, l'enlever au travail qui chôme pendant que les gouvernants dépensent à tort et à travers ce qui leur est livré *sans bourse délier*. — Ici, l'élément cambiste, non-seulement ne remplit aucun rôle utile, mais c'est le fléau du travail national;

4° Le jeu sur les fonds publics, l'*agiotage* sur toutes les valeurs, les marchés qui se soldent par *des différences*, sont dans le domaine de l'élément cambiste, qui remplit ici encore un déplorable office et tient *en suspension* des capitaux enlevés à l'agriculture, à l'industrie. — Ce rôle de pur *agiotage* a excité à diverses époques la juste sollicitude du souverain. Voir notamment à cet égard la loi du 13 fructidor an III.

c'est-à-dire la hausse. Le Commerce de marchandises ne sait parfois à quoi tiennent ces variations imprévues ; l'on espère pouvoir *faire* à tel prix, mais la condition change parce que le banquier cambiste a produit dans le rapport des valeurs un notable changement qui élève le cours de telle ou telle monnaie.

Toutes ces brusques variations dans le prix du numéraire, ces fluctuations, ces tristes soubresauts sont le résultat de nombreux tirages, des accaparements, des artifices du trafic cambiste, qui, au lieu de se borner au rôle d'intermédiaire vis-à-vis du Commerce de marchandises, spécule ardemment sur la *monnaie*, fait le plein et le vide à son gré, et décuple les embarras en exagérant les nécessités du jour.

Maintenant, si la spéculation en grand sur les besoins du Commerce proprement dit offre à l'élément cambiste peu de ressources, s'il ne peut vendre aux particuliers qu'une faible quantité de monnaie, le désordre des finances dans quelques États modernes sera pour cette marchandise comme un débouché qui permet de l'écouler à des conditions avantageuses.

N'a-t-on pas vu à toutes les époques le jeu sur les fonds publics français ou étrangers, l'*agio* sur telle ou telle matière première, sur les actions des grandes compagnies, le jeu avec ses primes, ses différences, ses reports, venir alimenter le papier cambiste ?... Et quel aliment que cette spéculation sans fonds ! Croit-on qu'un maniement de capitaux qui permet aux hommes de Haute-Banque de réaliser en quelques semaines sur tel ou tel emprunt 50-100 millions de bénéfice ne vaille pas bien les profits que pourrait procurer le papier de quelques fabriques (1) ?

Aussi, la clientèle qu'affectionne, que recherche en tout temps l'élément cambiste, c'est celle des gouvernements dissipateurs ; de ces administrations qu'assiégeaient autrefois les fermiers-généraux, les traitants, et que domine aujourd'hui la Haute-Banque. — Lorsque l'emprunt ne donne plus en France ou en Autriche, la moderne Judée frappe aux portes du Vatican. Un autre jour, ce sont les villes de premier et second ordre qui se laissent entraîner à la dangereuse facilité des emprunts. Cette fois, par exemple, il s'agit de Paris, puis de Bordeaux, puis de Marseille, Rouen, etc.

------

(1) L'emprunt de 1818, fixé d'abord à 24 millions de rentes, soit 480 millions de capital, et livrable à 62 francs, était coté au bout de *quelques heures* à 69 fr. 05 c. ; bénéfice net, 53 millions environ. De mai en septembre, l'on calcula que cet emprunt, qui trouvait acheteur à 75 et 80 fr., devait procurer au banquier soumissionnaire et à ses clients de 80 à 120 millions de bénéfice. (V. à cet égard l'opinion de C. Périer ; *Moniteur* des 12 et 13 mai 1819.)

— L'homme de l'*agio* est ainsi fait qu'il va indifféremment de l'un à l'autre prince, offrant, vendant au czar *son* emprunt avec même facilité après comme avant le trop fameux emprunt Güébhard (1). Il n'y a pour lui ni pays, ni frontières, ni nationalité, ni préoccupation de culte ou d'origine, mais simplement un trafic d'espèces, qui facilitera les expéditions sanglantes de la Gallicie, l'invasion de l'Espagne en 1823, lorsqu'on ne peut parvenir à rendre fié-

---

(1) « Au moment de la conclusion de l'emprunt de 14 millions de rentes, la Banque, OUBLIANT SES STATUTS, escompta les certificats d'emprunt, tandis qu'elle n'est autorisée à escompter des effets de commerce qu'à trois signatures. Elle ne fit pas assez d'attention au papier de circulation, qu'elle admit *trop légèrement;* elle donna ainsi *imprudemment* des facilités *aux spéculateurs de la Bourse,* et les souscripteurs purent escompter leur part d'emprunt au Trésor. » (*Moniteur,* Chambre des députés, 12 mai 1819. — Duvergier de Hauranne.)

L'*imprudence* de la Banque de France, dont on signale la *légèreté* en matière d'escompte! — C'est la première fois qu'elle mérite ce reproche. L'orateur ministériel, car M. Duvergier de Hauranne défend ici M. de Corvetto, ex-ministre des finances, laisse assez clairement entrevoir le genre d'*imprudence* reproché à la Banque, lorsqu'il la montre escomptant *les certificats d'emprunt.* L'on favorisait ainsi les hauts-banquiers dont la Banque de France cautionnait les engagements envers l'État.

Ces façons d'agir ajoutèrent à l'intensité de la crise de 1818, dont souffrit particulièrement le Commerce de marchandises.

vreuse la hausse sur les actions houillères, sur les chemins de fer ou tout autre objet de spéculation.

Or, qu'a de commun le commerce proprement dit avec ces entraînements sans nom, sans moralité, sans excuse ? En quoi l'élément cambiste, qui est surtout à l'affût de certaines entreprises, parce qu'elles donnent lieu à d'immenses bénéfices, en quoi cet excitateur du jeu seconde-t-il l'essor de la production, à laquelle il enlève au contraire ses capitaux disponibles pour les manipuler à loisir ? Est-ce que le travailleur proprement dit, l'homme du sol, de l'atelier, de l'industrie, le commerçant qui fait office d'utile intermédiaire, ont leur place marquée dans ce grand lansquenet où les millions s'entassent par le pouvoir absorbant de l'impôt et de la rente ? Est-ce que ces hommes de la glèbe et de la fabrique ont de l'argent, du loisir, des vices en réserve pour ce genre *d'affaires ?...*

Nul n'osera le soutenir.

Une grande, une énorme distance sépare donc l'élément cambiste du producteur en général, c'est-à-dire de tout ce qui compose la richesse du pays. — Tandis que l'un, au lieu de se borner à servir les besoins du Commerce et de la Fabrique, appelle à lui les capitaux pour peser sur les fonds publics au risque d'énerver, de miner le travail ; tandis qu'il donne incessamment dans toutes les exagérations du jeu et crée au papier de marchandises un redoutable *concurrent* ; tandis qu'il cherche, qu'il stimule en un mot le besoin factice, la grande armée des producteurs amène au contraire chaque jour péniblement, courageusement, à la surface, tous les produits : — matière première d'abord, objet fabriqué ensuite, passant, circulant de main en main par la vente ou l'échange, jusqu'à ce que la valeur utilisable arrive à destination du consommateur.

L'un part sans cesse forcément des besoins réels, des nécessités de la vie, des saines exigences du grand nombre, qui travaille utilement au lieu de jouer ; c'est à ce point de vue qu'il opère, qu'il s'engage et supplée par le crédit au manque de ressources disponibles ; — l'autre, au contraire, indifférent à la bonne comme à la mauvaise fortune des nations, fait métier d'accapareur, et tout en opérant sur le cadavre de la malheureuse Espagne, il récoltera des millions grâce à l'énorme *ducroire* qu'il a soin de stipuler (1).

____

(1) Être *ducroire* ou au *du croire*, c'est garantir le fait du débiteur dont on transporte à d'autres l'engagement ; c'est répondre de lui et assumer personnellement le risque de son insolvabilité. Les mauvais gouvernements sont comme les mauvais débiteurs, l'u-

L'on voit d'après cela que le papier de marchandises, lié à la cause du travail, de la production, des affaires, et qui à ce titre devrait avoir dans l'élément cambiste un puissant auxiliaire, trouve au contraire là un rival dangereux, nous avons presque dit un *ennemi* (1).

Aussi, lorsqu'il s'agit dans un centre de population de premier ordre d'organiser, de constituer le crédit public et privé, les hommes du commerce proprement dit et les hommes de la Haute-Banque, les hommes de la production et les hommes de l'*agio* sont en présence, l'un pour conquérir la libre dispo-

______

sure profite de leur détresse. Seulement ici le banquier, qui prend *pour lui* le risque de l'inexécution par l'Espagne ou les Etats-Romains, par exemple, des clauses de l'emprunt, le banquier, remettant à divers bailleurs de fonds les coupons de l'emprunt, laisse à d'autres le péril et garde pour lui les profits de l'opération. — Cette manœuvre est parfaitement décrite par Sismondi. (V. l'*Appendice*, § II, notes et développ., lettre *i.*)

(1) S'il pouvait rester là-dessus quelque doute, nous rappellerions les paroles suivantes, que l'un des censeurs de la Banque, M. Journu-Aubert, prononçait en l'an XII, et qui figurent en tête de ce paragraphe :

« On ne pourra plus se plaindre qu'elle (la Banque de France) néglige *le petit commerce* pour réserver ses distributions *à la Haute-Banque* ou aux commerçants de première ligne. »

Si le Commerce était déjà réduit à formuler de telles plaintes, et si la Haute-Banque était à ce point signalée, c'est que sans doute l'on ressentait déjà ses atteintes.

sition d'un instrument de travail au point de vue des besoins du grand nombre ; l'autre, pour être en tout temps le maître d'un immense levier dans un intérêt qui pressure la masse et qui appauvrit le pays.

Si ce dernier intérêt l'emporte, soyez sûr qu'il s'armera du privilége pour faire la loi, dicter ses conditions de manière à pouvoir frapper d'exclusion à tel moment donné tout ce qui lui fait obstacle ou lui porte ombrage. C'est ainsi, par exemple, que le jour où la Haute-Banque rêvait l'absorption, par la Banque *dite* de France, des comptoirs rivaux, la question qui se pose et que le gouvernement de cette époque eut à résoudre est celle-ci :

« L'ancienne Caisse des comptes courants qui fonctionne depuis quelques années sous le nom de *Banque de France* fera-t-elle véritablement, sincèrement, l'escompte du *papier de marchandises* ; donnera-t-elle par suite au Commerce tout l'appui désirable ; ou bien, continuant sous un autre nom son ancien rôle avec une puissance décuplée, sera-t-elle, dans la main de quelques hommes, ayant *crédit en banque* pour agglomérer les capitaux, *agioter*, sera-t-elle une simple caisse des comptes courants, un *Mont de Piété* de nouvelle espèce ?... »

Cette question, d'abord timidement formulée en l'an VIII par la compagnie puissante dont Garat n'avait pas cessé un moment d'être le directeur, cette question était résolue trois ans plus tard contre le papier de marchandises, c'est-à-dire contre l'intérêt d'un pays qui ne demandait qu'à produire et à faire de grandes entreprises.

Nécessité des trois signatures. — Taux invariable de l'escompte.

La première chose qu'on fait, c'est d'ériger en privilége *exclusif* pour la Banque le droit d'émettre des billets payables *à vue et au porteur*; le pouvoir des banquiers reste à cet égard sans bornes (1).

C'est ainsi, on l'a vu, que des établissements *commerciaux* en pleine activité furent dépouillés du droit de mettre en circulation une monnaie de papier ; nul ne peut plus créer de nouveaux billets à dater de l'an XI, et les valeurs émises seront retirées dans un délai déterminé.

____

(1) La nécessité où s'est trouvée la Banque de France en 1848 de réclamer la protection du cours forcé détermina le gouvernement provisoire à fixer une limite à l'émission du billet de banque. Cette émission, qui ne dut pas dépasser d'abord 452 millions, a été récemment étendue à 525 millions pour la totalité du papier de banque circulant en France.

C'est le conseil général de la Banque, composé en l'an XI de quinze régents et trois censeurs, qui dut nommer le comité central chargé *privativement* de diriger les opérations; ce conseil fut en outre investi du soin de dresser les statuts qui concernent l'administration intérieure de la Banque. Or, les membres de ce conseil sont pris en majorité parmi les banquiers cambistes les plus en renom. C'est ainsi qu'au moment où l'on s'occupe de la rédaction des statuts et de leur adoption, les puissances de Haute-Banque comptaient onze représentants, c'est-à-dire onze régents sur quinze dans le sein du conseil général.

Aussi ce règlement intérieur, converti bientôt après en loi de l'État, est-il conçu, rédigé au point de vue, non des besoins du Commerce, mais de l'intérêt cambiste qui a fait la Banque ce qu'elle est. C'est ainsi qu'on arrête en principe qu'il ne sera admis à l'escompte, soit à Paris, soit dans les succursales, que des effets garantis par TROIS SIGNATURES au moins *notoirement solvables*. Quoi de plus naturel cependant que de laisser ici une pleine latitude aux membres du conseil d'escompte nommés par les censeurs parmi les actionnaires exerçant le commerce à Paris?... A quoi bon s'enchaîner par une loi, lorsqu'on laissait d'autre part toute liberté au conseil de la Banque pour ce qui est du taux de l'escompte, des sommes qu'on y doit consacrer , de l'émission des billets; des échéances, enfin, *hors desquelles* les effets ne peuvent être reçus à l'escompte?

N'y avait-il pas lieu ici de faire dépendre des circonstances tout ce qui est relatif à la diffusion, à l'expansion du crédit, de manière à ce que le papier de marchandises, qui repose sur une opération parfaite par la présence de deux agents, un vendeur et un acheteur, ne puisse être indéfiniment tributaire du banquier escompteur?... Ainsi, le privilége qui protège la Banque contre toute concurrence ne suffit pas pour la rassurer; il faut, outre ce bail à long terme, il faut au personnel de l'ancienne Caisse des comptes courants quelque chose d'immuable qui aille ostensiblement à l'encontre du Commerce proprement dit.

Les choses, en effet, sont loin, à ce point de vue, d'être égales entre le papier cambiste et le papier de marchandises; aussi voit-on le pouvoir autocratique des maîtres du crédit en France, s'abriter, se retrancher surtout derrière la clause des trois signatures. L'on peut dire que la constitution du crédit oligarchique institué il y a cinquante ans est tout entière dans ce fait, et dans *l'inflexibilité* du taux de l'escompte. C'est ce qu'il importe de faire voir.

Comme garantie, il est constant, il a été cent fois démontré, il résulte enfin d'une grave expérience, non-seulement à l'étranger, mais chez nous, que la troisième signature n'ajoute rien absolument à la bonté, à la solidité du papier présenté à l'escompte (1).

---

(1) « Dans la banque de Providence, État de Rhode-Island, qui a fait généralement, dit Carey, des affaires pour une valeur de près de 2 millions de dollars, la perte totale, lors de la clôture de l'établissement, par suite du retrait des avantages dont jouissait la Banque des États-Unis, n'était que de 3,797 dollars par an ou seulement la 100ᵉ partie de 1 p. 0/0. »

La Banque d'Angleterre, qui escompte comme la Banque de France à trois signatures au lieu de deux, suivant que cela a lieu en Amérique, a vu ses pertes s'élever à 42/100ᵉ de 1 p. 0/0. — Or, plusieurs banques des États-Unis n'ont pas dépassé 30/100 de 1 p. 0/0.

« Pendant plusieurs années, ajoute le même auteur au sujet de la banque de Providence, il n'y eut pas *un seul effet en souffrance*. A la fin il y en eut *un* de la valeur de 100 dollars (541 fr.), et les directeurs le payèrent *eux-mêmes* plutôt que de le voir figurer sur *les livres*. » (Carey, 1838, *The credit system in France, Great Britain and the United states.*)

M. de Corcelles, membre de la commission saisie en 1840 de l'examen du projet de loi relatif au renouvellement du privilége de la Banque, s'élevait à cette époque contre le luxe de précautions qui impose au Commerce de constants sacrifices. Le petit commerce, remarque l'orateur, ne peut fournir que 2 *signatures*, et l'on ne voit pas que le banquier escompteur perde à se charger de ces valeurs. M. de Corcelles cite la caisse Laffitte, qui, sur 300 millions d'escompte à 2 signatures, n'a perdu que 200,000 fr.; c'est là cependant, ajoute

S'il est, sur le terrain de la spéculation, un genre d'engagement qui présente, nous le répétons, des garanties et qui mérite confiance, c'est le papier de marchandises. Il repose, il est généralement basé sur une opération sérieusement conduite; il est en quelque sorte adossé à la valeur marchande, que ce soit matière première, objet fabriqué ou importé. Aussi regarde-t-on ce papier comme essentiellement solide, car il nait des affaires *faites*. il solde une facture, une expédition, au lieu d'être le fruit d'un tirage souvent collusoire ou de parer aux dettes du jeu. Il ne faut donc point ici chercher à égarer l'opinion; exiger

---

l'orateur, une des plus fortes caisses d'escompte qui ait fonctionné. — Enfin, M. de Corcelles rappelle les négociations du comptoir d'escompte en 1830 : ce comptoir opérait à 2 signatures, et, sur 19 millions d'affaires, c'est à peine s'il a perdu 250,000 francs.

La nécessité d'affranchir enfin le Commerce proprement dit de la condition *des 3 signatures* est si bien sentie, qu'en 1834 deux hommes compétents, MM. Jacques Laffitte et Ganneron, proposaient un amendement tendant à autoriser la Banque à former un comptoir *spécialement* destiné à l'escompte des effets du commerce de détail. Ces effets, dont le terme devait être de 6 mois au plus, auraient été escomptés à 5 0/0 sous 2 signatures. Cette proposition, combattue par un homme de Haute-Banque, M. Jacques Lefebvre, fut repoussée lors du vote de la loi du 17 mai 1834 par une majorité *de 4 voix*, et plus il n'en a été question.

du commerce proprement dit, du manufacturier, du fabricant notoirement solvables, du marchand qui fait honneur à ses affaires, une troisième signature, c'est lui faire des conditions dont la sévérité ne se peut justifier, et que la raison, l'expérience condamnent. C'est en un mot faire acheter le crédit plus cher qu'on ne l'eût acheté sans cela.

Voici en effet ce qui a lieu, et comment, à ce compte, tout vient se traduire en aggravation de charges pour le commerçant.

En imposant au *présentateur* d'un effet de commerce la condition des trois signatures, le statut de l'an XII organisait à l'entour de la Banque une légion de satellites, on l'a déjà remarqué, dont le rôle est de débiter en quelque sorte la petite monnaie du Monopole. Ce que la Banque refuse de faire, malgré la toute-puissance dont elle est investie, d'autres le feront pour elle. Seulement il faut bien s'entendre ici, et ne pas dire, par exemple, que la Banque *escompte* à 4 p. 100 le papier de marchandises ; rien, en effet, de moins exact. Ce que la Banque fait, le voici : elle *vend* au banquier escompteur à raison de 4 p. 100 l'argent que ce dernier *vendra* peu après au Commerce, ou qu'il a déjà vendu 7 et 8 p. 100 ; soit 6 et 1/4 ou 1/2 de commission, pour rester dans les termes de l'intérêt légal. Aussi, dans ce système, la puissance de l'escompte réside en réalité ailleurs qu'à la Banque. Qu'on examine ce qui a lieu, on verra que le maître de l'escompte, c'est l'intermédiaire, gros négociant ou banquier escompteur, auxquels est délégué, *rétrocédé* par la force des choses, c'est-à-dire par la condition des trois signatures, le Monopole de la Banque. Voilà les véritables escompteurs, *les marchands de crédit,* car ce sont eux véritablement et non d'autres, qui opèrent *sur des masses d'engagements commerciaux,* qui sont *à ce titre* journellement en contact avec le commerce, le fabricant, le débitant de produits, et qui fixent EN RÉALITÉ le taux de l'escompte en faisant le *tri* du papier de marchandises. — Quant à la Banque, elle n'escompte pas, elle bat monnaie avec un papier à vignettes qu'elle vend fort cher, laissant à d'autres les périls de l'escompte.

Cette étrange complication, ces services commerciaux d'un nouveau genre, et qui consistent à faire payer 7, 8 p. 100 aux hommes du commerce proprement dit *la monnaie de papier* qu'on a la prétention de vendre 4, cette combinaison, si digne à tous égards des hommes du privilége, nous rappelle ce qui avait lieu au XVIᵉ siècle, lorsque l'Etat se reposait sur quelques seigneurs du soin de faire rentrer l'impôt. L'Etat, comme la Banque de nos jours, se donnait *des associés* que le travailleur devait faire vivre (1).

Voilà donc en somme la position faite au papier de marchandises : le mécanisme encore en fonction lui fait invariablement payer 7 et 8 p. 100 ce que la Banque vend 4 à l'escompteur *soumissionnaire du Monopole*, et ce qui au surplus ne coûte rien en réalité à cette même Banque, par suite de la faculté qu'elle a : 1° de tripler, de quadrupler avec de la monnaie *de*

---

(1) A cette époque, — et l'aristocratie use à peu près toujours, on peut dire, des mêmes procédés : — à cette époque, les personnages bien en cour, un duc d'Epernon, un Gondy, un Montmorency, une comtesse de Soissons se trouvaient, soit par voie *d'aliénations*, soit par des *assignations* sur la taille ou la gabelle, en possession du droit de lever tribut. C'est ainsi que le peuple acquittait 170 millions de taxes, alors que le cinquième à peine de ce chiffre profitait au Trésor !

« Ils étaient vingt, remarque Sully dans ses mémoires, soit de la cour, de Paris ou *du Conseil même*, intéressés dans le parti *du sel*, depuis 50,000 livres jusqu'à 150,000 écus. Le total s'élevait à 9,738,000 livres. »

Le fisc y met, de nos jours, plus de façons, et l'on a cessé d'associer à l'Etat quelques puissantes familles, admises *ouvertement* à un scandaleux partage de tributs. Mais en livrant aux gens de Haute-Banque, à des intermédiaires *bien en Conseil d'escompte*, sinon *bien en cour*, l'exploitation d'un crédit que ceux-ci vendent deux fois au delà de ce qui leur est coté, vendu à eux-mêmes, l'on opère, en ce qui concerne l'escompte, comme agissait autrefois le pouvoir royal pour le fait des taxes et des tailles. Le terrain seul est changé.

papier le chiffre de sa garantie métallique ; 2° de ne payer aucun intérêt en compte courant de valeurs ou de dépôts. — C'est ainsi, pour le dire en passant, que le prix des actions de la Banque put tripler en moins de trente ans.

Tel est le plus clair profit résultant jusqu'ici pour le papier de marchandises de l'organisation du crédit commercial. — Il est vrai que si la production, le travail ont été pressurés, si le Commerce de marchandises fut surtaxé, l'élément cambiste a pu en revanche prospérer, faire ses remises avec avantage, largement escompter en un mot son crédit en banque. Ce qui est misère pour l'un ajoute à la toute-puissance de l'autre, et là où les affaires souffrent d'un onéreux courtage la Haute-Banque doit prospérer.

C'est ainsi que l'on vit les millions s'entasser, les fortunes s'élever de plusieurs étages, alors surtout que le crédit et l'impôt furent simultanément au service de l'élément cambiste. L'histoire contemporaine contient à cet égard un grave enseignement.

Le grand art du spéculateur, de l'homme de Haute-Banque particulièrement, consiste à réaliser, *sans bourse délier*, d'immenses bénéfices. C'est ainsi, par exemple, que la Banque, possédant un capital de garantie de 100 millions environ, double et triple ce capital en faisant circuler de la monnaie de papier, qui lui rapporte en somme deux et trois fois l'intérêt de sa mise. Que dirait-on d'un homme qui veut *vendre* 15 francs l'écu valant juste 5 francs?... L'on s'étonnerait de ce qu'il prétend acheter avec 5 francs de numéraire 3 fois plus d'objets que n'en peut acheter la pièce de 5 francs. — Ainsi fait la Banque de France; avec 100 millions de capital, plus ou moins disponible, plus ou moins liquide, elle achète couramment 300 millions de marchandises : sa pièce de 5 francs vaut 15 francs.

Telle est la situation que la Banque exploite *par privilége*. Là où son capital métallique est borné, insuffisant, elle opère avec son papier le prodige de *la multiplication* des espèces : derrière ses guichets 1 devient 4. Voilà, ramenée à de simples termes, l'opération d'un comptoir que ce lot semble satisfaire médiocrement (1).

---

(1) Certes la multiplication du numéraire par le papier, c'est-à-dire la fabrication, dans l'intérêt du commerce et des affaires, d'un agent de circulation qui ne coûte presque rien, est un avantage qui constitue dans la science du crédit un notable progrès. Le mécanisme d'après lequel fonctionne une banque d'escompte et de circulation facilite particulièrement ce résultat, et peut rendre à ce titre de grands services. Mais il faudrait associer le public à ces avantages en louant par exemple sur le pied de 2 0/0, 3 au plus, et non 6 ou 8, ce qui coûte en réalité peu de chose.

Outre la faculté de multiplier par des émissions de

Or, ce que la Banque de France fait journellement sous l'influence d'un capital de garantie plus que modeste engagé presqu'en entier dans les fonds publics, le cambiste parvient à le réaliser, protégé qu'il est par le solde de son compte courant : tel est son capital de garantie. La Banque, c'est en effet pour le banquier cambiste une caisse *sociale;* là est son encaisse, son avoir disponible. Il opère ainsi sur des millions et bat non moins sûrement monnaie, *sans bourse délier,* que la Banque elle-même, lorsqu'avec 100 millions de capital elle jette dans la circulation 250 à 300 millions de billets, et qu'elle opère sur *des milliards!...*

Le cambiste fait donc jouer aux valeurs qu'il laisse en dépôt, espèce de capital dormant doué d'une remarquable élasticité, il leur donne un rôle *générateur,* en quelque sorte. A cette condition, le papier par lui négocié, ou revêtu de son acceptation, est admis à l'escompte ou se place avec avantage. Ces valeurs se succèdent, se multiplient indéfiniment, au

---

papier le numéraire, la Banque reçoit, on le sait, des particuliers et de l'Etat, des sommes en compte courant *dont elle ne paie pas d'intérêt.* Elle fait ensuite valoir ces fonds, soit dans l'escompte, soit en pratiquant le prêt au Trésor qui paie un agio. C'est encore là un nouveau moyen de multiplier *sans bourse délier* le numéraire, et d'accroître l'importance du capital dont on retire un prix de location élevé.

dedans, au dehors, et témoignent d'un *crédit en banque* qui permet d'opérer sur une grande échelle (1).

C'est ainsi que le crédit dont jouit le banquier est manifestement prolifique, c'est-à-dire générateur d'affaires, de capitaux livrés à bas prix par la foule des déposants, de puissance sur place en un mot; de là pour le papier, pour l'élément cambiste, à l'exclusion du papier de marchandises, une faveur constante. Le banquier de Londres, de Saint-Pétersbourg, tirant sur leur correspondant de Paris, qu'ils savent parfaitement étayé alors surtout que le numéraire métallique afflue à la Banque, fournit à des conditions bien autrement favorables que le commerce même de premier ordre, car il dispose en quelque sorte à coup sûr. C'est que le crédit en banque, c'est

----

(1) L'homme de Haute-Banque apprécie singulièrement les avantages de cette position; aussi il n'est guère de sacrifices qu'il ne soit prêt à s'imposer pour rester en possession de ce genre de crédit.

Entre autres particularités, attestées par des gens dignes de foi, on raconte qu'un banquier empruntait par hypothèque, dans ces derniers temps, une somme assez ronde, quelque chose comme 500,000 francs, et cela pour la déposer à la Banque, où elle gît *sans intérêt*, au crédit de son compte. — Lorsqu'on s'est ainsi *cavé* de 500,000 francs, l'on peut aisément opérer sur des millions.

C'est là le secret de plus d'une fortune de Haute-Banque.

pour ainsi parler la valeur de *la monnaie de banque,* tant il existe de constante affinité entre l'immense dépôt de capitaux qu'on appelle la Banque de France, et l'homme dont le crédit est comme adossé à cette puissante caisse centrale.

Ce qui fait la force de la Banque, ce qui constitue en temps ordinaire la faveur qui s'attache aux billets qu'elle met en circulation, c'est moins l'importance de son fonds de garantie que la conviction où l'on est généralement qu'elle *peut,* à toute heure, rembourser, solder le montant de ses obligations, et qu'elle aura toujours pour cela suffisamment d'espèces. Moyennant ce, elle *bat monnaie,* et décuple ainsi le chiffre des opérations qu'elle ferait à l'aide d'un mince capital. De même, ce qui fait la force de l'homme de Haute-Banque, ce qui lui permet de battre à son tour monnaie, ce qui lui procure des capitaux en abondance et *à bas prix,* c'est la conviction où l'on est par la connaissance de sa position *en banque,* c'est-à-dire de l'état de ses rapports avec la Banque-mère, qu'il *peut* en toute occasion, à toute heure, faire face à ses engagements. De même qu'il n'arrive guère à la Banque de France de s'attaquer à son fonds de garantie, d'aliéner, par exemple, ses inscriptions de rente, pour payer, satisfaire les porteurs de ses billets ; de même l'homme de Haute-Banque a bien soin de maintenir son compte courant dans de bonnes conditions ; c'est à peine même s'il profite de la faculté d'escompter à la Banque les valeurs de portefeuille. Il réserve cela pour les moments difficiles, et négocie à 2 1/2, 3 au plus 0/0 lorsque la Banque lui prendrait 4.

Voilà comment le crédit, constitué au point de vue de l'élément cambiste, *fait cascade*, pour ainsi parler, de la Banque de France à l'homme des *arbitrages*.

Aussi, lorsqu'en 1840 les politiques favorables au renouvellement du privilége de la Banque représentaient un peu bruyamment que le haut commerce, le banquier cambiste se présentent rarement à l'escompte, ces apologistes du monopole faisaient là une confusion qu'on peut dire volontaire (1). L'élément cambiste, en effet, connaît mieux le prix des choses ; il

______

(1) La partie la plus riche du Commerce, remarquait alors avec raison Garnier-Pagès, *ne va pas à la Banque ;* et l'orateur explique cela pour les moments ordinaires, suivant qu'il a été observé précédemment. Lorsqu'on trouve à 3 pour 100 tous les capitaux dont on peut avoir besoin, on n'est pas pressé de les payer 4. C'est seulement dans des temps difficiles, lorsque l'argent est cher, que l'élément cambiste se retourne vivement vers la Banque, dont il *absorbe les escomptes*, au grand dommage du papier de marchandises, des caisses Laffitte, Ganneron, etc., qui sombrent alors forcément, puisqu'elles ne participent plus autant à l'escompte.

sait choisir son heure et ne fait pas de sots
marchés.

- En temps ordinaire, par exemple, l'habileté du haut banquier consistera à greffer, de
fortes opérations sur le solde de son compte
courant, dont le niveau s'élève, loin de baisser.
Les capitaux affluent en conséquence à sa
caisse ; il négocie, il opère avec avantage.
— Le temps devient-il sombre, au contraire,
et le crédit se resserre-t-il ? l'homme de Haute-
Banque, placé lui-même sous le coup du retrait des capitaux, réagit sur la Banque par un
brusque retrait de numéraire : il ajoute en
quelque sorte à l'intensité de la crise. La Banque se vide, les embarras du Commerce sont
au comble ; le banquier *fait sa plie* et dispa-
raît. — Puis le calme se faisant un peu, le
cambiste revient ; il opère timidement d'abord.
C'est ainsi qu'il négocie à 4 0/0 ses valeurs,
qui absorbent dès lors ainsi, *en temps de tran-
sition*, les trois quarts des escomptes de la
Banque. Et le Commerce attend à la porte. Un
ancien ministre appelle cela faire *courageusement* son service *de Banque de France* en temps
de crise. Oui, certes, l'escompte fait merveille,
mais qui donc profite à ce jeu ? Voilà ce que
M. Thiers eût bien dû nous dire. (1840, séance
du 20 mai.)

Le premier à disparaître et à prendre le

large, l'homme du change et de l'agio est, on le voit, le premier à accourir dès que l'opinion est un peu remise de ses peurs. Voilà comment cet immense atelier de crédit qui prit le nom de Banque de France n'est dans les mains de l'élément cambiste qu'un puissant auxiliaire, *un instrument de règne.*

Si l'on vérifiait avec soin le portefeuille de la Banque aux jours de crise suprême, notamment en février 1848, on y verrait que ce sont surtout les engagements de la Haute-Banque qui mettaient en péril, à cette époque, le crédit de cette puissante compagnie, et qui l'ont amenée à réclamer la faveur du cours forcé, afin de pouvoir donner à son tour du répit au débiteur cambiste. — Le papier de marchandises, portant avec lui son gage, en quelque sorte, n'eût dû causer alors aucune appréhension sérieuse ; il n'avait besoin que de trouver *ce jour-là* le crédit qu'on lui accordait encore *la veille*, et qu'on n'eût pas dû lui retirer brusquement (1). Là est la cause d'une foule de suspensions de paiement dans les maisons de la capitale les mieux famées au point de vue du crédit, de la sûreté de leur commerce. — L'on ne saurait en dire autant du papier

----

(1) Lors de l'incendie de New-York, la Banque comprit autrement ses devoirs. (Voy. l'*Appendice*, § II, notes et dévelop., lettre *j*.)

cambiste, papier sans consistance et qui inspire peu de foi *en temps de crise*, parce qu'il ne repose, en réalité, que sur un faible capital de garantie, et que le tirage collusoire, les opérations fictives sont comme le fonds, la base d'opérations de ce genre de trafic.

Ces sortes de préoccupations agitaient jusqu'à certain point la Banque de France ; elle agit *prudemment* en se réclamant du cours forcé, seul moyen qu'elle eut de faire *la reprise*.

Considérée à ce point de vue, l'on comprend maintenant ce que c'est que la Banque de France. Son utilité, ses vertus civiques seront facilement appréciées, et son rôle diffère fort peu de celui qu'elle remplissait à une autre époque, sous le nom plus modeste et plus vrai de *Caisse des comptes courants* (1).

Qui ne voit, qui ne sent, en effet, qui ne touche, en quelque sorte, du doigt, que ce qui dut être dans la main du Commerce un levier puissant n'est qu'une ingénieuse machine au service des hauts banquiers, un centralisateur de capitaux et de crédit, essentiellement à la disposition de l'élément cambiste, une institution de monopole, enfin, qui partage ses faveurs entre le banquier escompteur, d'une

---

(1) Voir l'*Appendice*, § II, notes et développements, lettre *k*.

part, et l'homme de Haute-Banque ? Qui ne voit, qui ne comprend que l'exigence de trois signatures n'est qu'un moyen abandonné à quelques hommes *de battre monnaie* sur les épaules de l'Industrie et du Commerce, de même que le compte courant fut un moyen *de battre monnaie* au profit de l'élément cambiste ? D'où suit que le papier de marchandises se trouve placé doublement sous le coup de la surtaxe du loyer des capitaux, les hommes de Haute-Banque livrant le Commerce à toutes les exigences de l'escompte et de l'usure !

Voudrait-on maintenant prétendre que la condition des trois signatures affecte le trafic du change non moins fatalement que le Commerce de marchandises ? Ce serait méconnaître l'influence du capital de garantie fourni par l'homme de Haute-Banque au moyen de son compte courant. C'est à cette sorte d'étalon qu'il faut en effet mesurer sa puissance, car c'est à cela que se mesure constamment la solvabilité de ce tireur ou accepteur. Cela contient, pour ainsi parler, *la quantité de fin* en vue de laquelle chacun s'enhardit, et les tirages circulent, s'échangent complaisamment sur toute la ligne. Le compte courant est au cambiste, je le répète, ce que le fonds de garantie est à la Banque. L'un et l'autre sont un moyen fort ingénieux de battre monnaie , d'opérer *sans bourse délier*, à vrai dire, ce qui est le sublime de l'art.

Or il n'y a que le haut commerce, le capital abondant, l'élément cambiste, qui se puissent placer journellement sur le terrain de la garantie métallique. Le Commerce de marchandises, en effet, n'a pas de capitaux qu'il puisse laisser inactifs; il relève au contraire incessamment du crédit. N'opérant point sur le numéraire, sur les monnaies de tous les pays, il arriverait par cela même difficilement à devenir l'entrepôt des capitaux qui flottent sans emploi à la surface. La nature des choses repousse cette assimilation, et le compte courant dans les mains du Commerce ne sera qu'un levier d'une médiocre portée, comparativement au parti que peut, que doit en retirer la spéculation cambiste. Celle-ci, pour 500,000 fr. qu'elle laisse dormir en apparence, manipule et reçoit des millions de numéraire, des dépôts sans fin à un intérêt généralement fort bas. Tout ce que peut se promettre le commerçant, au moyen de son compte courant, ce sera de voir accueillir avec plus de facilité sa signature à l'escompte, mais il n'en sera pas moins pour cela tributaire à 6 ou 7 p. 100 du banquier escompteur, et les capitaux, les dépôts n'afflueront pas plus qu'auparavant dans sa caisse.

Chaque genre de négoce a ses conditions, ses

règles tracées, son mode, sa sphère d'activité, en quelque sorte. Celui qui opère sur la marchandise ne procède pas comme celui qui, à la recherche des capitaux, cote les variations du numéraire, influe sur ces variations, retient ou fait affluer le disponible, traite en un mot l'argent comme *marchandise*, au lieu de s'en servir au passage comme on se sert de l'eau qui coule pour les besoins de l'usine ou du champ.

Or, lorsque l'élément cambiste domine, lorsqu'il dispose en maître, pour ainsi parler, du crédit, et qu'on peut dire des affaires qu'elles sont subordonnées à ce vain trafic, à ces nécessités factices; lorsqu'en un mot tout est monté sur ce pied, l'on peut dire que le centre de gravité du Négoce est déplacé. Tout souffre alors, tout périclite, ainsi qu'il arrive en France depuis quarante ans.

Taux de l'escompte.

Quelques mots maintenant, pour terminer, en ce qui touche l'inflexibilité de l'escompte.

Ce n'est pas seulement au point de vue de la troisième signature que la Banque de France est pour le commerce proprement dit d'un médiocre secours ; le taux élevé de l'escompte, qui se maintient sans cesse à la même hauteur depuis bien des années, laisse une marge au papier cambiste, qui lui permet, en plaçant le papier de marchandises sous le coup de négociations onéreuses, de se débarrasser d'un fâcheux concurrent. Ce rival pourrait en effet appeler à lui tout le capital disponible, et c'est ce qu'il convient surtout d'éviter. L'intérêt de l'homme de Haute-Banque, ce n'est pas, on l'a dit, qu'il y ait des affaires *ici* plutôt que *là*, mais des affaires *quelconques*, — agiotage ou marchandises, — de grands mouvements de capitaux enfin. Or, le commerce proprement dit est placé à cet égard dans des conditions tout autres.

La Banque aura donc soin de tenir le taux de l'escompte élevé. Loin que les hommes qu'elle représente souffrent ici dans leurs opérations, cela leur profite. Le cambiste n'est-il pas d'abord, et abstraction faite de toute autre considération, *le détenteur*, le dépositaire habituel des capitaux, dont il sert l'intérêt à 2 1/2, 3 au plus, alors que la Banque ne fait rien de semblable pour ses déposants? L'avantage lui reste donc ici, et l'élévation du taux de l'escompte ne le touche pas, ontre qu'il est notoire que le papier cambiste se fait à 3, non à 4. Ceux qui souffrent en ce cas, ce sont les commerçants, c'est l'industriel, qui débitent d'autant moins que le loyer des capitaux est plus élevé. Et comme moins on produit, moins l'on débite, moins le capital circulant est demandé, le numéraire se trouve à la discrétion de la Haute-Banque, qui dès lors en a le monopole à bas prix. Voilà comment l'élévation du taux de l'escompte *supprime*, dans une certaine mesure, le papier de marchandises au profit du papier cambiste, devenu maître sans combat du grand marché de l'argent.

La même raison qui fait que, dans un intérêt contraire à celui du pays, le taux de l'escompte reste élevé, exigera, au lieu de ces fluctuations dans le prix de la marchandise qui sont la vie, la loi du commerce, l'*inflexibilité* de l'escompte. Aussi faisait-on observer, lorsque le privilége de la Banque se discutait, que depuis dix ans l'escompte, non-seulement n'est jamais descendu au-dessous de 4 0/0, extrême limite qu'on atteignit dès 1807, mais quelques orateurs témoignèrent leur surprise de voir la Banque de France repousser systématiquement les variations dans le taux de l'escompte, c'est-à-dire l'application des véritables principes en matière commerciale (1). La Banque n'en a pas moins persévéré depuis dans cette conduite qui choque toutes les notions reçues.

Remarquons, en effet, que dans la Grande-Bretagne, pays aristocratiquement constitué,

___

(1) V. l'*Appendice*, § II, notes et dévelop., lettre *l.*

mais pays de négoce, d'intelligent trafic, le prix de l'argent, comme celui de toute autre marchandise, subit *à la Banque* de perpétuelles et inévitables fluctuations. Même après avoir été forcée d'emprunter, il y a quelques années, 50 millions à la Banque de France, fait dont quelques hommes superficiels se montrent fiers outre mesure ; même après cet épisode, il n'est point venu à l'idée des commerçants de la Cité d'assujettir la Banque d'Angleterre à l'inflexibilité de l'escompte. Nos voisins sont trop *pratiques*, ce sont de trop grands négociants pour prendre de pareilles leçons de la finance d'outre-mer. — Mais ici il y a, comme presque toujours au surplus, beaucoup moins d'ignorance que de calcul.

Celui qui est armé d'un instrument de monopole est intéressé, on le comprend, à s'en servir, à le faire fonctionner dans un certain sens plutôt que dans l'autre ; dans le sens, par exemple, qui s'éloigne le plus de la liberté, de la concurrence. Or, le taux de l'escompte devenant variable, les affaires proprement dites rompent un jour ou l'autre toutes les digues, les obstacles qu'on lui oppose ; la pression se fait, adieu l'agiotage et avec lui la toute-puissance de l'élément cambiste. Là est le grand intérêt de la question.

D'un autre côté, au point de vue du change,

quel avantage que d'avoir le *certain* en banque, de même qu'on a le *certain* dans la monnaie (1) !

Avec le taux *invariable* de l'escompte, en effet, et cette considération est de quelque poids, le cambiste sait parfaitement jusqu'où il peut aller en tout temps. Voilà donc, à ce compte, une difficulté écartée, un embarras dont il n'y a point à s'occuper; c'est comme une base d'opération établie, un point de départ, outre qu'on a ainsi sur le papier du dehors, là où l'escompte de la Banque subit certaines variations, d'assez grands avantages. Tout le monde n'est pas comme certaines maisons en position de compenser sur un point, à Paris par exemple, la perte qu'on aura faite à Londres. Mais ce qui a surtout de l'importance, c'est l'avantage que l'inflexibilité de l'escompte donne au papier cambiste sur le papier de marchandises; plus l'échelle est mobile, plus, pour les hommes de Haute-Banque, le commerce de marchandises sera un rival dangereux.

L'inflexibilité du taux de l'escompte, de

---

(1) Le *certain*, c'est la quantité *fixe de monnaies* qu'une nation donne constamment à une autre en échange de tel ou tel prix, suivant les circonstances. *L'incertain*, c'est dès lors le prix variable que donne une nation en retour d'une quantité *fixe* de monnaie étrangère. *L'incertain*, c'est, à proprement parler, *le prix du change*.

même que le soin qu'on prend de le tenir à un taux elevé, mais non assez exagéré pour qu'en *temps de crise* l'avantage reste à l'élément cambiste du dehors, sont donc des lois, des règles de conduite, des conditions suivies en vue d'un intérêt de Monopole. Ces circonstances, de même que la condition des trois signatures, résument, à proprement parler, *toute la constitution* de la Banque de France. C'est là ce qui fait de cet établissement un vaste dépôt de capitaux accumulés, tenus, je le répète, en suspension au profit, non du commerce proprement dit, mais des hauts banquiers, ce qui est l'antithèse du Commerce et du Travail.

Nous ne saurions quitter un si grave sujet sans appeler l'attention sur un point qui peut montrer mieux que ne feraient des paroles quel genre de service la Banque *dite* de France rend au Commerce. Le passage qu'on va lire est encore emprunté au rapport de M. Odier, en 1845, et mérite à ce titre une mention particulière. Voici en quels termes M. le rapporteur déplore la réduction des bénéfices de la compagnie :

« Un fait *pénible* pour vos intérêts, c'est la diminution toujours plus forte DEPUIS TROIS ANS *de vos dividendes.* En 1842, ils s'élevèrent à 136 francs, en 1843, à 122 francs, et en 1844 ils ne montent qu'à 107 fr.

« Cependant *aucune crise* n'a affligé le commerce en France ; les industries manufacturières ont été occupées ; la paix maintenue aurait dû donner *de l'activité* aux transactions, et la confiance générale dans l'avenir les encourager ; mais *l'abondance de l'argent* chez les capitalistes, les banquiers et une partie des commerçants, et la difficulté *de lui procurer un emploi convenable et sûr*, ont donné à la Banque DES CONCURRENTS qui ont fait baisser le taux de l'escompte de presque toutes les valeurs à terme *au-dessous de 4 0/0, cours fixé pour les escomptes de la Banque*, et vous voyez, par les comptes qui vous sont présentés, que c'est *la diminution* du papier offert à la Banque, à Paris, qui a été la cause principale *de cette réduction.*» (*Moniteur*, 28 janvier 1845.)

Nous ne croyons pas que les ennemis de la Banque aient jamais formulé contre elle de plus grave accusation. Nous laissons ici complètement de côté ce que renferme de triste, de véritablement humiliant pour une nation douée de quelque intelligence, une assertion qui représente le pays ne sachant quel emploi *convenable et sûr* on peut donner à des capitaux trop abondants. Il y aurait pourtant à se demander au nom de qui le censeur, M. Odier, tient et fait entendre un tel langage ? Oublie-t-il que l'Agriculture est incessamment dévorée par le prêt usuraire ? ignore-t-il que la Propriété succombe sous le poids d'une dette de 12 milliards, contractée, en moyenne, à 7 et 8 pour 100 ; qu'elle s'épuise, qu'elle tourbillonne faute de capitaux ? Laissons toutefois de côté ces considérations ; chacun ici se demandera avec nous ce que c'est qu'un établissement de crédit qui est réduit à déplorer les efforts que

fait l'escompteur, SON TRIBUTAIRE, *pour opérer une réduction dans le taux de l'intérêt ?...*

Franchement, qu'est-ce que la Banque rem-
plissant DEPUIS PLUSIEURS ANNÉES un tel rôle?
— Quel nom donner à cela ?...

Qu'est-elle pour le Commerce, l'Industrie, le
travail national, le jour où on la voit descendre à de tels aveux? — quelle est sa mission,
enfin, comme comptoir d'escompte, comme
dispensateur de capitaux *à bon marché?* Qu'on
réponde, qu'on explique, qu'on dise ce que si-
gnifie ce langage dans la bouche de l'un DES
CENSEURS de la Banque?... — En vérité, ce
serait à n'y pas croire, si cela ne figurait tout
au long dans le *Moniteur.*

Voilà donc que non-seulement la Banque ne
fait rien pour donner à bon marché les capitaux, le crédit, mais elle en est venue à se
plaindre aigrement, elle étale *publiquement* ce
qu'elle appelle sa misère, lorsque le pays
achète à bas prix l'argent dont il a besoin!
Non-seulement la Banque de France ne prend à
cet égard AUCUNE INITIATIVE, mais le jour où *ses*
grands clients, *ses* escompteurs sont conduits
par la force des choses à ce résultat, elle ne voit
là qu'une funeste *concurrence,* elle les dénonce
au ban, à l'arrière ban de l'actionnaire.

Étrange et rare spectacle! voilà les satellites
du Monopole atteints et convaincus publique-

ment de félonie envers leur naïve suzeraine.
Et pourtant ces marchands de crédit sont loin
de posséder les immenses moyens dont la Banque dispose par faveur spéciale :

Ils ne peuvent point, comme elle, battre
monnaie *à prix réduit* et d'une manière à peu
près illimitée ;

Ils n'ont point, comme la Banque, l'immense
avantage des dépôts de fonds *sans intérêt*, car
le banquier sert généralement au capitaliste
un intérêt quelconque ;

Leur papier ne circule pas avec la faveur
qui s'attache au billet de banque ; — ils se font
enfin *concurrence* entre eux, d'où le danger de
la faillite, d'embarras, de complications com-
merciales ; et le taux de l'escompte est, en outre, fort loin de leur assurer, toute proportion
gardée, les profits que la Banque réalise au
moyen de *l'impression* de quelques chiffons de
papier ; — eh bien ! dans cette position qui les
met pour la puissance, le crédit, la sécurité,
les profits, à une incomparable distance de la
Banque, ces comptoirs de second ou troisième
ordre font, *sans peine et sans perte*, ce que la
Banque de France ne fait pas : — ils escomp-
tent *au-dessous* de 4 0/0 !...

Ainsi, qu'on veuille bien le remarquer, ce
n'est pas la Banque qui, en réduisant ses prétentions, le taux de son escompte, force les par-

ticuliers à baisser le taux de l'intérêt ; ce sont eux, au contraire, qui donnent ici d'inuti-les exemples ! et la Banque, de faire aussitôt scandale en frappant *ses hommes-liges* d'un public anathème ! — En vérité c'est trop.

Il semble voir un malheureux attelage entraîné par le poids du coche qui déraille forcément !..... Voilà ce qu'on appelle, de nos jours , *la Banque de France;* voilà comment fonctionne ce grand, cet immense levier du crédit national. — Ce n'est plus l'attelage qui conduit le char, c'est le char qui tiraille et qui menace de tout entraîner !.....

Lorsque, dans un pays, les choses sont ainsi disposées, publiquement organisées à rebours des situations, du temps, des lois du bon sens, des hautes nécessités enfin d'une époque , l'on peut dire que les institutions sont un OB-STACLE au progrès, loin de lui venir en aide.

Ce phénomème , il s'explique uniquement, on ne saurait assez le redire, par la constitu-tion du crédit au point de vue de l'intérêt cambiste. Tout est disposé au profit de l'acca-parement, de la spéculation fébrile, au lieu d'a-voir en vue les affaires, la production, les con-sommations du grand nombre. Il n'y a pas jusqu'aux actionnaires de la Banque dont l'in-térêt ne soit ici méconnu, quelque profit élevé qu'ils retirent, d'ailleurs, de leur mise. Mais qu'est-ce que l'intérêt d'un capital de 80 ou 100 millions fictivement devenu double, triple, auprès de ce qui constitue, de nos jours, l'intérêt de Haute-Banque ?

Là est le nœud de l'opération, — là est la grande, l'immense affaire, là est, en un mot, la pensée de ces hommes qui, il y a cinquante ans, absorbaient les banques rivales pour s'établir en maîtres sur le grand marché de l'argent (1).

Ce qui prit le nom de Banque de France, c'est l'organisation, la constitution de la Haute-Banque disposant d'une forte caisse sociale, et par là d'un levier puissant.

Le Sol, le Commerce et l'Industrie, l'actionnaire de la Banque lui-même, ne viennent QU'APRÈS ce grand intérêt de la féodalité moderne.

----

(1) On lit dans l'*Histoire du Consulat et de l'Empire*, au sujet de la création de la Banque :

« Les anciens établissements d'*escomptes* avaient succombé au milieu des désordres de la Revolution. » (Thiers, t. Ier, p. 175.)

On a pu voir, par tout ce qui précède, que rien n'est moins exact. La pensée de l'historien s'applique indistinctement ici à tout ce qui existe en ce genre avant et depuis 89. — (Voy. pour plus de détails l'*Appendice*, § II, notes et développements, lettre *m*.)

III.

La Haute-Banque et les emprunts publics.

> « Quant aux armements, aux fortifications,
> je ne doute pas que tout cela ne soit accordé ;
> non que les *mono-rates* et *les agioteurs* désirent
> la guerre, — mais il leur faut *des armées et des
> de tes publiques.* (Jefferson à Madison. — Monti-
> cello, 1795.)

L'établissement qui confisquait en l'an XI le salutaire principe de la liberté des banques ne se bornera pas à changer l'immense fleuve du crédit en un maigre cours d'eau, où pourront seuls se désaltérer les rares habitants qui gardent ses rives ; le rôle de la Banque, sous la main de l'État, qui caresse imprudemment ces nouveaux auxiliaires, son rôle, en prenant plus d'ampleur, portera au pays, au crédit national, à la prospérité publique de nombreuses et cruelles atteintes.

Bientôt, en effet, les hommes de Haute-Banque exercent sur le gouvernement des finances une pression remarquable ; la capitale du monde civilisé devient, en quelque sorte, l'entrepôt de l'agiotage, des capitaux engagés sur *le report*, *la rente à livrer*, les actions houillères et de chemins de fer. Pour alimenter ce marché détestable, l'impôt épuisera le Commerce avec le Sol, et l'Etat, poussé à tous les désordres, sera durement rançonné par les dispensateurs suprêmes du crédit.

Ici nulle exagération ; tout cela est malheureusement de l'histoire. Le Grand-Livre, — la Caisse d'amortissement, — la Dette publique et la Dette foncière sont les témoignages irrécusables de cet immense abus de pouvoir.

La Banque de France, c'est, on l'a déjà dit, le château-fort de l'aristocratie de l'écu, citadelle qu'une simple sentinelle suffit à garder, et qui se défend, non plus par des fossés, des glacis, des tours crénelées, mais par l'organisation savante du privilége. Là est concentrée la toute-puissance des capitaux, leur force, leur action, plus redoutable lorsqu'elle est *au repos* et désespère la production, que lorsqu'elle est lancée sur tous les chemins, engagée, poussée dans toutes les directions. — C'est là que chaque haut baron de l'époque, les modernes d'Epernon, les connétable de Saint-Paul, les Condé, les Biron du jour, font le dénombrement de leurs forces ; c'est là qu'ils recrutent de précieux auxiliaires pour aborder quelque grande entreprise. Les anciens seigneurs guerroyaient parfois l'un contre l'autre ; plus rarement encore, ils se prirent à combattre ouvertement le souverain, qui achetait leur soumission par de grands sacrifices; ici, au contraire, l'accord est indissoluble en ce qui touche le pouvoir politique. Celui-ci viendrait se briser contre cette ligue puissante, qui a les mains pleines des engagements de l'Etat, — inscriptions de rentes, bons du Trésor, etc., et qui peut à chaque instant décréter, en quelque sorte, la banqueroute (1).

Sur le terrain de la liberté l'abus n'est point à craindre, il ne saurait être contagieux. La liberté, en effet, ce n'est pas la faculté pour celui-ci de tout faire, pendant que cet autre reste dépouillé, a les mains liées, non; car à ce compte la liberté de l'un, ce serait la servitude des autres érigée en principe. Au contraire, la liberté, c'est le droit d'aller jusqu'où chacun peut aller, c'est-à-dire de ne pas faire ce que celui-ci ou celui-là ne sauraient pouvoir faire dans tel cas donné. Le droit de l'un est donc ici journellement mesuré, délimité par le droit de l'autre; d'où une solidarité d'intérêts, une réciprocité de droits et de devoirs qui s'opposent à ce que le pouvoir d'un seul puisse empiéter sur le droit, la chose d'autrui, c'est-à-dire dégénérer en *abus*.

Au lieu de cela, et si l'on se place sur le ter-

____

(1) V. *l'Appendice*, § I, docum. statist., lettre J.

rain du Monopole, c'est-à-dire du droit exclusif, partant de *l'abus individuel*, l'on entre par cela même en lutte avec les droits, l'intérêt, la faculté de tous et de chacun. C'est comme un pouvoir qui s'élève au-dessus de chacun, qui commande en maître, et qui tend dès lors à amoindrir la puissance, hier encore son égale.

L'abus décrété en principe engendre ainsi forcément l'abus. — Telle est la pente naturelle, la loi, la logique des situations.

Protégée par le Monopole, abritée derrière un privilége quasi-royal, la Haute-Banque dut travailler à s'étendre. — Puisque l'Etat cesse d'être le maître, puisqu'il livre dans un jour d'oubli l'exploitation du crédit privé à quelques hommes, puisque par là ils sont devenus les maîtres du travail national, ou, ce qui est la même chose, de l'escompte, ils auront peu à faire pour dominer l'Etat lui-même. On n'aliène pas impunément un droit aussi considérable. Les besoins du Trésor seront donc avidement exploités, ils seront surexcités outre mesure, comme on voit le fils de famille fatalement poussé à tous les désordres par ceux qui en vivent, et au premier rang par l'usurier. — Plus l'Etat dépense, plus il manœuvre, en effet, dans l'intérêt de la Haute-Banque, autour de laquelle il entasse les capitaux. C'est ainsi qu'on s'achemine vers le *découvert*, c'est-à-dire vers l'emprunt, les négociations immenses, l'émission des rentes, des bons du Trésor, de manière à donner par un grand mouvement d'espèces un immense aliment à l'intérêt cambiste, — au grand dommage du Sol, de la Fabrique, qui chôment et se ruinent par des sacrifices sans compensation.

C'est toujours le mot de Paul-Louis retentissant aux oreilles du Pouvoir : — *Maître, tout est à vous ; il est l'heure qui plaît à votre Majesté ; c'est-à-dire, la France est assez riche pour payer sa gloire ; l'impôt est le meilleur des placements,* etc., etc. — Et puis, le banquier n'est-il pas là pour parer à tout, donner les plus grandes facilités par le crédit dont il dispose ?... — *Le pays paiera.*

En conséquence, le budget devient plus lourd d'année en année, le Grand-Livre se charge de nouvelles inscriptions de rentes, le jeu de bourse fait fureur au grand contentement de la Haute-Banque, dont les maisons, les fortunes princières montent en peu de temps de plusieurs étages. La Haute-Banque, c'est l'arbitre suprême : elle ouvre, elle clôt la discussion. N'a-t-elle pas *son* privilège, — *son* gouvernement intérieur, — *ses* nombreux satellites, — *son* action qui la met ouvertement au-dessus de l'Etat, parce qu'elle tient le Commerce, le Travail à discrétion ?...

Aussi voyez-la partout, comme elle traite de nos jours d'égal à égal avec les têtes couronnées, par cela même qu'elle garde les abords du marché des capitaux ; elle fait la hausse ou la baisse à son gré sur telles et telles valeurs, disant par ici les millions, par là les subventions, les grandes lignes de chemins fer à telles et telles conditions ; par là dès-lors les taxes, les tributs arrachés non sans peine au contribuable. — « Faut-il 1 milliard, 2 milliards ? — Sire, voilà, mais j'en veux tant, et ce sera pour tel usage, non pour tel autre, sinon non, et je me retire (1). »

C'est ainsi qu'on vit successivement le pays s'endetter de 100 francs alors qu'il en reçut 57 ou 60. Que faire en un cas pressant ?... Il fallait abdiquer ou se soumettre. C'est là ce que la monarchie de nos jours appela gouverner l'Etat. — Un exemple entre mille :

Un riche banquier qui soumissionnait en 1847 l'emprunt de 250 millions en 3 p. 100, à 75 25, opère en janvier 1848 des livraisons partielles ; puis février survenant, ce banquier ne tient plus son marché. Il semble que c'en est fait à ce compte du fonds de garantie déposé, soit 25 millions. Dans le cours ordinaire des choses, c'est ainsi en effet que se solde une opé-

____

(1) V. l'*Appendice*, docum. statist., § I, lettre K.

ration ; mais ici, quelle différence ! — L'Etat est sans doute invariablement lié, qu'il perde ou qu'il gagne, envers la Haute-Banque ; mais celle-ci en aucun cas ne doit rien perdre. Telle est à cet égard la règle constante (1). Voici en conséquence comment l'affaire se dénouera quelques mois après.

La Révolution était à peine installée que l'Etat, dominé par les hautes influences auxquelles la démocratie a tant de peine à échapper, s'en vient avec une sorte d'empressement relever de toute déchéance l'homme de la Haute-Banque, auquel on propose de s'arranger *de ce même objet* en traitant à nouveau. L'opération devra être complétée, non plus comme auparavant au moyen d'une livraison de rentes 3 p. 100, vendues au prix de 75 25, mais en livrant du 5 p. 100 à 75 ! — D'où pour le pays une perte énorme, soit 2/5es de différence sur l'ancien prix.

Le banquier dut donner, en effet, 25 francs environ de capital pour chaque 1 franc de rente, d'intérêt ; il prêtait dès lors à 4 p. 100.

---

(1) « A ceux qui sont *assez riches* pour prendre eux-mêmes les emprunts ce commerce présente à peine des chances fâcheuses, les gouvernements *n'ayant garde de presser les banquiers* DE TENIR LEURS ENGAGEMENTS, s'ils ne pouvaient le faire qu'en se ruinant. » (Sismondi, *Economie sociale*, 1837.)

Or, pour 1 franc de rente l'on n'exige plus qu'un versement de 15 francs, soit deux cinquièmes en moins de ce qu'eût reçu le Trésor, qui sert pourtant la même rente : 5 60 au lieu de 4 fr.—Encore si c'était tout!... mais la Haute-Banque ne vit pas de peu.

Ne voilà-t-il pas, en effet, que du même coup le banquier reprend la libre disposition du fonds de garantie, qu'il avait perdu en encourant *de droit* la déchéance par l'inexécution de son marché ? — D'où encore ici pour l'Etat nouvelle perte de 25 millions. Aussi calculait-on, lors de la conclusion de cette affaire, que l'emprunt, au lieu de donner en réalité 75, était à peine productif de 65 francs de capital. Ce n'est donc plus 1 franc pour 45 francs reçus, mais une rente de 1 fr. pour 13 francs 5 cent. de capital que l'Etat devra servir.

Ainsi une opération originairement CONCLUE sur le pied d'un net produit de 250 millions, un contrat, une loi passée avec l'Etat, tout cela se résout en un versement de 171 millions environ, soit pour le pays l'abandon de 78 millions, c'est-à-dire d'un *tiers* du capital acheté!...

Et ce qu'il y a de mieux, de plus étourdissant, de plus naïvement cruel ici, c'est que l'Etat, le pays tout entier, dont la solvabilité, la puissance, le nom, l'honorabilité sont certes restés LES MÊMES, — l'Etat déclare par l'organe de ses gouvernants qu'on ne peut *mieux faire;* il y a là une force *incompressible* en quelque sorte, au témoignage de la loi.

Le fait marche ici, on le voit, d'accord avec la théorie ; et ce qui frappait les économistes il y a dix ans, ce que signalent les lumières de la science est hautement, pleinement confirmé par la pratique de tous les temps. — C'est là, en effet, de l'histoire contemporaine, de l'histoire à peine refroidie.

Ainsi l'Etat, qui de sa main puissante établissait après 89 le siége visible de la Haute-Banque, l'Etat reste tributaire de quelques hommes !...

Le général Jackson avait bien compris l'espèce de danger que fait courir à la démocratie cette ligue de hardis spéculateurs ; aussi brise-t-il sans retour la banque de New-York, en lui enlevant des ressources, un patronage dont l'aristocratie de l'argent abusera toujours. Lorsque cet homme sage et vraiment patriote, qui s'inspirait des vues de l'honnête Jefferson, frappe ce grand coup, il rend à la liberté de son pays, à la cause tout entière du travail, le plus signalé service (1). C'est à

(1) V. à l'*Appendice,* § II, notes et développements, lettre *n*, l'opinion de Jefferson sur le monopole de la banque des Etats-Unis.

lui peut-être que l'Union américaine doit de ne pas être sous la dépendance du pouvoir le plus fatal à la liberté, au bien-être des populations : *le pouvoir des hommes d'argent.*

Veut-on, du reste, en soulevant l'un des coins du voile qui dérobe aux regards certaines particularités, veut-on se faire l'idée des immenses profits que la Haute-Banque a réalisés chez nous en peu de temps dans le champ immense des emprunts publics ? Qu'on parcoure le tableau suivant, qui jette sur tout cela d'affligeantes clartés. Ce n'est là cependant qu'un exposé incomplet des négociations opérées, car les emprunts temporaires qui, sous le nom de *dette flottante,* jouent un si grand rôle en France depuis trente ans, ont leur place marquée ailleurs.

Emprunts spéciaux de 1816 au 31 décembre 1848 (1).

ÉPOQUES	RENTES ÉMISES.	TAUX.	NÉGOCIATEURS.	PRODUIT NET.	ÉMISSION au pair.	DIFFÉRENCE ou perte pour l'État.
1816-17	6,000,000 5 0|0	87 96	À divers.	69,765,000	120,000,000	50,257.000
1817	669,755 »	89 16	»	7,924,055	13,595,100	5,471,065
1817-18	50,000,000 »	57 80	Hope, Baring, Delessert.	543,064.814	600,000,000	254,958,186
1818	14,925,500 »	66 50	À divers.	197,809,400	398,370,000	100,600,600
1818	12,945,452 »	67 »	Hope et Cie, Baring et Cie.	165,000,000	244,268,660	79,268,660
1821	401,940 »	87 07	»	7,000,000	8,058,840	1,058,840
1821	12,814,222 »	85 33	Baguenand et Cie, Hottinguer et Cie, Delessert et Cie.	214,118,304	250,284,400	56,166,096
1825	23,114,516 »	89 55	Rothschild frères.	413,980,980	462,290 520	48,509,559
1830	3,134,980 4 0|0	102 07	Rothschild frères.	80,000,005	73,575,750	
1831	7,142,838 5 0|0	84 »	Rothschild frères , Aguado, J. Lefèvre, Hottinguer, Da-villiers , Fould et Fould Opp., Doinhante.			1,626,283 bén. ou excéd. du pair.
1852	7,814,215 »	98 50	Rothschild frères , Davil-liers , Hottinguer.	120,000,014	142,857,160	22,857,146
1841	5,751,025 3 0|0	78 52 1|2	Rothschild frères ; Baudon et Amé de Saint-Didier, re-ceveurs-généraux ; Hottin-guer et Cie.	160,000,000	152,284,280	2,284 250
1844	7,079,646 »	84 75	Rothschild frères ; Baudon et Amé de Saint-Didier, re-ceveurs-généraux.	180,000,000 (sur 430)	191,015,027	41,015,027
1847	9,966,777 »	pour mém.	Rothschild frères.	200,000,000	235,988.200	55,983,200
1848	13,131,800 3 0|0	73 25 en réalité 65 25	Rothschild frères.	171,566,075	350,000,000	73,658,925
Totaux	148,675,565			2,293,120,629	3,048,561,972	756,805,545

(1) *La ruine des finances par l'amortissement*, par PAUL COQ, *République* du 2 novembre 1849.

Cet aperçu explique comment une Dette, qui en 1814 comprenait 63 millions d'inscriptions de rentes au capital de 1275 millions environ, est en peu de temps plus que triplée. Les prodigalités sans bornes du gouvernement, l'avidité de tout ce qui l'approche trouvent dans le concours chèrement rétribué de la Haute-Banque un funeste aliment (1).

La Caisse d'amortissement fut reconstituée en 1816 pour réduire la Dette, libérer enfin le pays. Tel était du moins le langage officiel à cette époque. Les dotations fixes s'entassent en conséquence, les arrérages de rentes rachetées vont se capitalisant, les forêts de l'Etat sont même aliénées dans le même but par lots de plusieurs millions d'hectares.

« La caisse d'amortissement, remarque le baron Louis, en 1814, dans son rapport au roi, a été créée pour réduire la Dette publique; — *elle n'a servi qu'à l'accroître.* »

---

(1) La perte que représente pour l'Etat cette différence de 756 millions, équivaut aujourd'hui, par la capitalisation des intérêts, à plus de 2 milliards, soit 2,100 millions. Si l'on ajoute à ce chiffre les 2,500 millions de dotation inutilement alloués à l'amortissement depuis plus de trente ans, l'on arrive à constater une perte de plus de 6 milliards.

Qu'on s'étonne, après cela, de l'état de nos finances — Cela n'a pas empêché M. Berryer d'exalter tout récemment encore les mérites de cette organisation financière.

Et le nouveau ministre des finances propose aussitôt des mesures qui doivent rendre l'institution à ses véritables fonctions (1).

Le résultat le plus clair de ces dispositions au bout de trente ans environ, c'est qu'on aura successivement enlevé *deux milliards* 500 *millions* à l'Agriculture, à l'activité industrielle, pour porter à 240 millions de rentes les 65 millions qui forment le chiffre originaire ! — Jamais mystification pareille ne fut jetée à la face d'un pays intelligent (2).

---

(1) « Le complément des mesures que nous avons proposées, dit ce ministre dans le projet de budget pour 1815, et qui forment l'objet *du projet de loi ci-joint*, serait un système d'amortissement pour L'EXTINCTION *de la Dette publique.* Mais pour que l'amortissement ne soit pas un *vain mot*, il faut qu'il ait pour base immuable un surplus de recette ou revenu libre, constant et assuré, pendant un grand nombre d'années.» (1814. — Rapport au roi.)

(2) En regard de ce tableau il convient de mettre ce qui a lieu dans un pays où la Haute-Banque n'a pu réussir à dominer les honnêtes et généreux instincts de la démocratie.

La dette contractée par les Etats-Unis durant la guerre de l'Indépendance s'élevait en 1794 à 75 millions de dollars, soit 375 millions de francs, dans une contrée où la population est de 3,921,000 habitants. — Plus tard, en 1801, ce chiffre dépasse 82 millions, et la population est de plus de 5 millions d'habitants. En 1812, la dette est réduite *de moitié*. Mais à cette époque recommence la guerre avec l'ancienne métropole, et la dette augmente. Son chiffre, en 1817, dépassait 123 millions de dollars, soit 600 millions de francs. —

« Depuis le 25 mars 1817 jusqu'au 8 août 1832, s'écrie Jacques Laffitte en 1833, l'État a émis *deux fois plus de rentes* que l'amortissement n'en a racheté. » (V *le Moniteur* de 1833.)

C'est pour arriver à ce résultat qu'on exige de la France une foule de sacrifices, qu'on multiplie, qu'on entasse dotations sur dotations en faveur de l'amortissement ; et chose remarquable, cela n'empêche pas la finance officielle de répondre à l'opposition sur un ton rogue et tristement déclamateur (1).

Voilà dans quelles vues l'impôt et le crédit coalisés font, depuis quarante ans, au Sol, à l'Industrie, au travail national, la plus rude guerre ! — C'est ce qu'un orateur, peu accoutumé à calculer exactement la portée de ses paroles, appelle dans une circonstance récente faire par la *Rente* une redoutable *concurrence* à la richesse foncière.

« Les capitaux, écrivait en 1842 un homme modeste et plein de sens, aujourd'hui même représentant du peu-

---

Le message du président annonce pour 1845 qu'il ne reste qu'une dette de 17 millions de dollars à éteindre. *L'ancienne dette* de l'indépendance et de la guerre de 1812 était complétement acquittée *depuis plusieurs années.*

Voilà comment les choses se passent dans un pays d'honnêteté publique et où les exigences de l'agiotage ne dominent pas le pouvoir lui-même.

(1) V. l'*Appendice*, § II, notes et développ., lettre *o.*

ple, les capitaux sont *un élément nouveau* dans notre société qui demande à se classer, et auquel on ne semble pas prendre garde. Tous les jours *on les voit s'engloutir dans les sables mouvants de la Bourse, de l'agiotage et des mauvaises industries.* — Les asseoir *sur le Sol,* c'est garantir la paix, l'avenir des familles ; c'est empêcher de grands scandales et prévenir de funestes catastrophes. » (1)

Par la prime constamment offerte aux opérations de Haute-Banque, tous les capitaux disponibles durent accourir vers le temple du jeu pour s'employer à solder *les différences,* à coter l'emprunt, la négociation nouvelle, afin de réaliser, en vingt-quatre heures, des bénéfices que le Sol ou l'Industrie ne sauraient donner. Tout devint dès lors DISPONIBLE pour *l'alea,* d'où pour les campagnes, aux prises avec l'usure, tous les genres de misère, d'anxiété. C'est ainsi qu'on arrivait à la décomposition, à l'amoindrissement fatal et fiévreux de la fortune foncière. Ainsi s'explique , de nos jours, une liquidation déplorable, le débiteur hypothécaire, qui ne trouve plus d'argent, ne pouvant plus continuer à payer 5 et 6 là où sa terre donne 2 1/2, 3 au plus (2).

Un auteur dont les travaux consciencieux

---

(1) Pougeard, *Réforme hypothécaire.* — Bordeaux, 1842.

(2) Discours de M. Thiers sur le crédit foncier, *Moniteur* du 11 octobre 1848.

font autorité , et qui nous fournit plus d'une fois l'appui de son témoignage, M. de Tapiès, a cherché à déterminer par quelques faits notés avec soin l'importance que le jeu de Bourse prit chez nous au détriment de l'Agriculture et du Commerce. Après avoir exposé comment la *Caisse commune* des agents de change, dans laquelle on verse 5 francs comme droit de timbre pour chaque transfert de rentes de 3,000 ou 5,000 fr., permet d'apprécier assez exactement le mouvement des opérations de Bourse, l'auteur de la statistique sur *la France et l'Angleterre* porte à 900 millions, soit 18 milliards de capital, le chiffre sur lequel on opère, en moyenne, chaque année :

« Pendant les dix années qui ont précédé 1830, ajoute-t-il, les affaires de vente et d'achat à terme s'élevaient chaque année *à près de 30 milliards.*

« Dans cette immense somme *ne sont pas comprises* les affaires faites sur les fonds étrangers, tels que ceux de Naples, de Rome, du Piémont, d'Espagne, des Etats-Unis, etc., etc. »

Ces chiffres ne donnent encore que le résultat fourni par le parquet. — C'est ainsi qu'on évalue généralement à plus de moitié en sus, au dire du même auteur, la masse des opérations faites dans la coulisse par l'entremise de ce qu'on nomme vulgairement le *courtage marron.*

Qu'on juge après cela de l'intensité du mal; qu'on s'étonne si le Sol, en présence de ce fatal entraînement, doit souffrir d'une dette que l'usure a presque entièrement constituée ! — Et comme si l'action dévorante de la Haute-Banque n'exerçait pas encore une assez vive pression à l'endroit du capital disponible, les imperfections du régime hypothécaire firent planer sur le prêt immobilier, sur le Sol lui-même, un immense discrédit :

« On semble avoir tout fait, s'écrie quelque part M. Dupin aîné, tout imaginé *contre le créancier* pour empêcher *qu'il n'ait son argent à l'échéance.* »

Il n'en fallut pas tant pour pousser les capitaux dans une voie moins ingrate et surtout moins tortueuse.

« Triste condition des capitalistes, ajoutait vers la même époque M. Persil ; l'on ne peut les blâmer de chercher à donner à leurs capitaux *une autre direction.* » (1)

Non assurément ; — mais que dire des hommes qui, voyant où est le mal, le laissèrent grandir et s'étendre, au lieu de mettre courageusement la main à l'œuvre pour venir en aide à la Propriété ? Qui ne voit qu'elle a été sans cesse sacrifiée à des intérêts d'un ordre inférieur ?

Et ces hommes qui disposèrent longtemps

---

(1) Ces citations sont extraites textuellement du travail de M. Pougeard, avocat à la cour de Bordeaux en 1842, ancien bâtonnier de l'ordre, auteur déjà cité.

du pouvoir, comment se fait-il qu'ils sont restés immobiles devant cet affligeant spectacle ?
— Comment n'ont-ils rien fait, ces puissants légistes, eux qui sondaient si vivement cette large plaie ?

Ou ils n'ont rien voulu faire ; — et que penser alors de cette stérile sympathie pour le détenteur du Sol, pour la cause de la Propriété ?

Ou ils n'ont rien pu faire, quelque grands qu'aient été leur nom et leur pouvoir, — et comment ne pas être frappé en ce cas de ce que recèlent de force, d'ascendant, ces hautes régions de la Banque auxquelles on sacrifie incessamment nos campagnes ?

Le mal est réel, il est immense, et pourtant rien ne put y mettre un terme. — Que conclure, sinon que la haute pression qu'exercent ceux que Mᵉ Dupin nommait énergiquement *les loups cerviers* est immense, irrésistible.

En résumé : il est constant, il est manifeste que l'impôt et le crédit sont, en France, organisés dans un sens diamétralement contraire aux véritables et seules richesses que possède le pays : — à savoir, un sol fertile, admirablement disposé ; d'autre part, une activité générale, une aptitude au travail, que les étrangers eux-mêmes ne savent trop louer.

Il n'est pas, en effet, un homme au dehors

un peu recommandable dans la science ou dans la politique qui ne s'étonne du peu de progrès de la prospérité publique chez nous, alors que le pays est à tous égards si richement doté (1).

Les intérêts, soit dans la propriété, soit dans l'industrie, sont démocratiques sans doute ; mais depuis quarante ans tout a été reconstitué, dirigé, au profit du petit nombre, et il s'est formé des débris de l'aristocratie ancienne une ligue puissante qui triomphe énergiquement de tout ce qui l'entoure. C'est cette oligarchie, qui ne cesse pas d'être redoutable parce qu'elle est mobile comme le terrain sur lequel elle opère, c'est elle qui s'oppose au développement des forces du pays.

Le grand nombre reçut, il y a soixante ans,

------

(1) « Pour apprécier la masse de maux qui découlent de cette source fatale, — *l'aristocratie*, écrit Jefferson en 1786, il faut résider en France ; il faut voir le *sol le plus beau*, le *meilleur climat*, l'État *le plus compacte*, le caractère national le *plus bienveillant*, en un mot, la réunion de tous les avantages naturels, insuffisants pour empêcher ce fléau de l'aristocratie de rendre la vie un supplice pour les *vingt-quatre vingt-cinquièmes* des habitants de ce pays. » (Lettre au général Washington. Paris, 14 novembre 1786.)

Ce que remarque à cette époque l'éminent homme d'État dont la démocratie américaine est justement fière trouve après soixante ans, *dans le même pays*, son application !

on l'a déjà dit, en même temps que la liberté, les moyens de subsister par son travail dans cette condition nouvelle ; c'est ainsi qu'il fut armé, investi de quelque puissance; mais une force ne dure et ne se maintient qu'à la condition d'être convenablement protégée, entretenue.

Or, c'est le contraire qui eut lieu.

Ainsi, non-seulement le pouvoir n'a rien ajouté aux bienfaits de la première Révolution, mais il a rendu par l'Impôt, par toutes les exagérations de la dépense officielle et en faisant servir le Crédit aux plus tristes usages, il a rendu la condition du détenteur du Sol, et du travail national par suite, de plus en plus chétive, intolérable. L'on peut dire que les forces nouvellement créées n'auront finalement servi qu'à faire passer dans les mains du petit nombre une plus grande somme de puissance, de richesse qu'auparavant (1).

« Nous sommes aujourd'hui ce que nous étions hier, disait Syeyès au début de la première Révolution. »

Ce mot résume pour nous, après cinquante ans, la situation. — Si le bien-être s'est accru, en effet, si la condition générale est meilleure qu'auparavant, c'est qu'il n'a pas été possible de paralyser, d'annihiler complétement l'effet

____

(1) V. l'*Appendice*, § I, docum. statist., lettre L.

d'une émancipation en masse, et que la nation, plus énergique encore que ceux qui l'oppriment, a trouvé dans son courage de quoi améliorer son sort, enrichir ses anciens maîtres et *payer leurs dettes* (1). — Mais comme leur fortune a grandi, comme ils sont autre chose que ce que furent leurs devanciers, ces simples particuliers qui manœuvrent les millions *par centaines*, et se font garder par une armée de 500 mille hommes !...

Si la nation a progressé, si elle a grandi en force, en lumières, combien, depuis trente ans, tous ces milliards distribués périodiquement aux appétits de la haute fonction, de la finance, des puissantes compagnies, n'ont-ils pas encore plus rapidement fait progresser ceux dont les pères conspiraient à Coblentz et frappent la patrie à Waterloo !

Qu'on fasse le dénombrement des forces, et l'on verra si l'aristocratie a su regagner en peu de temps le terrain qu'elle avait perdu. — C'est par les institutions qu'il faut juger de l'action d'un principe. Où la démocratie do-

---

(1) V. la loi du 21 décembre 1814 relative aux dettes contractées en pays étranger *par le roi et les princes de la famille royale ;* l'art. 1er porte :

« Les sommes dont le roi se reconnaît *personnellement* débiteur envers divers particuliers sont reconnues *dettes de l'État,* jusqu'à concurrence de *trente millions.*

mine il n'y a pas de crédit monopolisé, constitué à l'état de privilége, de manière à vendre 6 et 8 pour 100 au grand nombre ce que quelques-uns paient 3 1/2, 4 au plus ; — il n'y a pas les besoins du pauvre, sa consommation, taxés en raison de la misère, lorsque les jouissances de l'homme fortuné sont frappées *du même tarif ;* — dans un pays enfin où la démocratie domine, il n'y a pas d'immenses budgets, de lourds impôts improductivement dévorés par une légion d'agents que protége éternellement une immense administration guerrière et policière.

Aussi le Sol, *qui ne bouge pas et ne cache pas ses plaies,* porte-t-il surtout les empreintes de ce système. — Qu'on s'étonne si au milieu de ce luxe de taxes, de surtaxes, si par cette déperdition constante du capital l'exploitation des terres absorbe sans profit pour le maître ou l'ouvrier plus des trois quarts du produit brut ? Non-seulement cela ne doit pas surprendre dans un milieu à ce point stérilisant, mais l'immense, l'irrésistible courant de misère qui en résulte détermine sur toute la ligne une dépression fatale.

Ainsi s'explique pour tous le rôle inférieur qu'assigne à la France, eu égard à d'autres peuples, dans l'industrie, — dans l'agriculture, — dans le mouvement de la population, et

jusque dans l'instruction élémentaire, le témoignage des statistiques comparées (1). Ce
n'est point sans doute encore là de la déca-
dence, comme vont le répétant des hommes
trop amoureux du passé; mais c'est de l'immobilité, c'est-à-dire des forces, de précieuses
intelligences condamnées à tourner dans le
vide.

Voilà où nous a conduits cette oligarchie financière qui mit le jeu, les passions faméli-
ques *à l'ordre du jour*, dans un pays ami du travail et fait pour de nobles choses !

Non, rien ne vient, rien ne saurait venir de
l'*agiotage*, ainsi que le proclamait, il y a cinquante ans, un homme estimé du commerce,
et dont les paroles ne sont pas suspectes d'entraînement démocratique, puisqu'il s'adressait
en ces termes aux actionnaires de la Banque de
France. Rien ne vient de là ; tout périclite, au
contraire, par le jeu, par l'alimentation de ces
passions corrosives. Ainsi s'expliquent, à cette
heure, les embarras d'une liquidation douloureuse.

Telle est la déplorable impasse dans laquelle
la nation tout entière, le travail national, le
crédit public et particulier, se trouvèrent ac-

---

(1) V. l'*Appendice*, § 1, docum. statistiq., lettre G.

culés par les hommes de Haute-Banque. Voilà les fruits de ce patronage mortel à l'Etat, mortel aux particuliers (1).

Ainsi s'explique le déclassement qui a lieu au sein de la bourgeoisie ; de là cette immense armée du prolétariat, d'autant plus puissante qu'elle a, avec plus de lumières qu'auparavant, le sentiment de son droit, et qu'elle porte elle-même, pour ainsi parler, témoignage contre l'incurie, la partialité, le funeste aveuglement de ceux qui gouvernent.

----

(1) « Indépendamment, dit **M.** Michelet, de la rapide consommation d'hommes que faisait la guerre, la constitution de Rome suffisait pour amener à la longue *la misère et la dépopulation*. Cette constitution était *une pure aristocratie d'argent*. Or, dans une aristocratie d'argent sans industrie, c'est-à-dire sans moyen de créer *de nouvelles richesses*, chacun cherche la richesse dans la seule voie qui puisse suppléer à la production, *dans la spoliation*. Le pauvre devient toujours *plus pauvre*, et le riche toujours *plus riche*. »

Ce fut *l'usure*, on le sait, qui détruisit à Rome et ruina toute industrie. — L'agiotage, de nos jours, pourra bien amener chez nous les mêmes résultats, puisqu'il dispose en maître de la richesse et des affaires.

CHAPITRE IV.

DÉCLASSEMENT AU SEIN DE LA BOURGEOISIE

La classe moyenne proprement dite et l'aristocra-
tie. — Politique des intérêts. — Solidarité par
le Travail.

Ce qui fait qu'en Angleterre, pays de grandes tenures territoriales, d'aristocratie, de
même qu'aux Etats-Unis, où le principe démocratique franchement appliqué s'oppose à ce
que la fortune soit concentrée dans quelques
mains ; ce qui fait que dans ces deux pays le
fonds de la richesse générale prend une remarquable extension, c'est que la production, au
lieu d'être abusivement surtaxée, aboutit sans
peine à l'échange, qui peut seul stimuler,
activer l'essor des consommations. C'est ainsi,
par exemple, que l'agriculture, qui fut longtemps, dans la Grande-Bretagne, l'élément pré-
pondérant, a un rôle, non de simple alimentation locale, mais pleinement reproducteur.

Il résulte, en effet, des observations jusqu'ici recueillies, que pour obtenir un produit agricole identique la France est forcée de dépenser une quantité de travail double de celle qu'on emploie en Angleterre. Un homme suffit pour obtenir, dans ce dernier pays, des résultats qui réclament chez nous les forces, le salaire de deux agents. De là un excès de dépense qui non-seulement n'aboutit pas, mais qui resserre notablement le cercle des échanges. De là, par suite, des exportations, des importations moindres ; d'où, en fin de compte, moins de produits versés dans la circulation, partant moins de capital *disponible*.

Le capital disponible, voilà en effet ce qui joue dans l'état social un rôle important. Le pays qui en possède le plus est en réalité organisé dans le sens de l'activité, non de l'immobilité, de l'impuissance. S'il produit beaucoup, c'est qu'il échange, c'est qu'il consomme plus encore ; c'est qu'en un mot la vie circule dans le corps social, toujours en haleine.

Mais rien de tout cela n'a lieu là où les capitaux et le crédit vont invariablement *à qui ne produit rien,* comme l'agiotage, la rente au repos. Là tout s'effondre insensiblement, parce que là consommation est généralement improductive. La charrue, cet outil qui remplace à peu près partout sur le sol britannique les bras de l'ouvrier, fait que dans ce dernier pays deux activités, l'une industrielle, l'autre agricole, trouvent leur emploi sans peser aussi lourdement que le travail manuel sur l'Agriculture. Aussi, outre que l'Industrie est mise à contribution, le salaire de la main-d'œuvre sera plus élevé, la condition agricole meilleure que là où le travail déborde, comme dans nos campagnes.

Le journalier des champs, qui gagne à peine de quoi se nourrir, est encore pour le Sol une trop lourde charge ; il consomme, en effet, relativement plus qu'il ne produit. Dans un système de crédit bien organisé, un agent ferait sans peine l'ouvrage de deux ou trois ; de là des salaires plus élevés pour cette main-d'œuvre moins abondante, et dont le travail meilleur profiterait au détenteur du Sol. — Dira-t-on qu'on s'expose ainsi à reporter sur l'Industrie, où l'activité déborde, le trop-plein du travail agricole ; que ce serait dès lors un déplacement de forces qui ajouterait aux embarras ? L'argument pourrait sembler spécieux si les choses étaient chez nous dans une situation telle que la France ne pût consommer la plus grande partie de ses produits ; mais le pays ne produit pas *trop*, quoi que veuillent dire et prétendre les hommes qui ruinent incessamment par des taxes, des douanes intérieures, le marché national, qu'on rétrécit ainsi de plus en plus. Ce qui est vital seulement, c'est que le grand nombre ne peut atteindre aux produits, parce que le prix de revient en est relativement trop élevé.

Or les impôts, le loyer excessif des capitaux ajoutent notablement au prix de toutes choses.

Dans certains pays, le taux des salaires et le prix de revient des divers produits ouvrent incessamment à chacun par le débit facile et abondant de la main-d'œuvre le marché des échanges. L'on élargit ainsi, au lieu de le restreindre, le cercle des consommations (1).

En suivant une route diamétralement opposée, les chefs de la société, en France, ont successivement fait le malheur de tout ce qui produit et consomme ; — c'est ainsi que les misères du Sol ont déterminé dans l'industrie, nous le répétons, des misères correspondantes.

La propriété foncière a résisté tant qu'elle l'a pu à ces nombreux agents de dissolution ; elle a vécu, elle vit journellement de privations, de culture défectueuse, d'emprunts onéreux(2). Longtemps elle fut alimentée, soutenue,

_____

(1) V. l'*Appendice*, § II, lettre *p*, notes et développ.

(2) V. l'*Appendice*, § I, docum. statistiq., lettres M et N, à quel point est poussée *la misère du cultivateur.* V. même §, lettre O, quelle a été jusqu'ici l'influence de notre régime hypothécaire sur le crédit agricole.

par un roulement de fonds qui n'était qu'un pur artifice. Mais au jour des fortes commotions politiques, lorsque le balancier du commerce s'arrête brusquement, que la consommation hésite et se réserve, quand arrive enfin, pour le Sol comme pour l'Industrie, le jour des grandes liquidations, ce jour-là les plaies de la propriété immobilière sont à nu, et la misère est d'autant plus intense que l'illusion était grande. — Ce que l'on crut être une richesse n'est que labeur ingrat, possession fictive, inconsistance, d'où un immense discrédit que rien ne saurait apaiser !

Le détenteur du Sol s'en va grossir alors les rangs de cette armée du prolétariat que l'égoïsme de la finance moderne a formée et qu'elle ne sait plus comment faire vivre.

Telle est la situation critique dans laquelle la société est finalement acculée par l'étrange rôle assigné en France à ce qui constitue la principale richesse du pays. — Aujourd'hui, ce qui fait que le Sol tremble sous nos pas, c'est l'état débile et précaire du détenteur de ce même sol. Ainsi ce qui dut être un gage de sécurité devient un sujet d'alarmes, de profonde anxiété.

Et qu'est-ce au surplus que cette ardeur si grande qu'éprouve pour les emplois la classe moyenne, qu'est-ce que ce famélique entraînement vers la fonction publique, sinon le signe d'une fortune détruite et désormais insuffisante ?... Qu'est-ce que ce déclassement profond qui pousse une foule d'hommes vers le salariat officiel, ou vers les grandes compagnies, sinon l'aveu d'immenses besoins, par suite d'une position perdue ?

Est-ce que ces symptômes ne témoignent pas de la triste condition faite de nos jours au Sol, à l'Industrie, par suite de la direction fatale imprimée aux capitaux mobiliers ? Est-ce que chacun ne peut pas lire aujourd'hui sur le fronton de la propriété immobilière, à laquelle se lie le sort de la fabrique, ces mots décourageants : — CHAMP INGRAT, Champ de la *Corvée* et du *Précaire* (1) ?

Telle est l'œuvre, en moins de trente ans, de ces hommes de Haute-Banque qui ne pouvant *rien créer* font partout des ruines.

Certes, il était facile de prévenir d'aussi grands maux. — Sans toucher à la loi des héritages, sans rien changer à l'économie de nos codes, l'on eût fait sortir de la moyenne, de la petite propriété, autre chose que des consommations restreintes avec une dépense en blé, en bétail *moindre* qu'il y a cinquante ans. Pour cela il eût seulement fallu faire fonctionner

---

(1) V. l'*Appendice*, § II, notes et dévelop., lettre *q*.

l'Impôt et le Crédit en vue des intérêts du grand nombre, au lieu d'épuiser le travail et le Sol de manière à constituer d'immenses fortunes financières auxquelles l'aristocratie du dernier siècle n'offre rien de comparable (1).

L'on a préféré suivre une autre voie, et les forces du pays se sont épuisées à produire *au-dessous* des besoins communs pendant qu'on ne sait, d'autre part, comment écouler la richesse produite !

C'est ainsi que, dans cet étrange système où le dénûment confine à l'abondance, il y eut :

---

(1) L'une des grandes illusions d'optique du moment, c'est de croire qu'il n'y a plus en France d'aristocratie. De ce que les habits dorés, les justices seigneuriales, la dîme ont disparu, il ne suit en aucune sorte que l'élément aristocratique ait cessé de dominer l'administration du pays. L'aristocratie s'est transformée, mais c'est elle qui gouverne comme avant. C'est ainsi que la législation fait la plus large part aux grandes fortunes par voie de tarifs, de taxes inégalement réparties, et de monopole industriel. L'on eût difficilement rencontré, avant 89, des capitaux accumulés assez puissants pour déterminer à volonté la hausse ou la baisse des fonds publics, — soumissionner arbitrairement, soit le prêt envers l'Etat, soit la confection et exploitation de grands travaux publics, et amener la disette en pleine abondance, suivant qu'il est arrivé pour les blés en 1846.

Quand la concentration des capitaux disponibles est poussée à ce point, on peut dire que l'aristocratie tient en réalité le pays sous sa loi.

Plus de médecins que de clients, — et cependant des travailleurs mourant faute de soin ;

Plus d'avocats que de procès, — et cependant des justiciables qui ne peuvent se faire défendre en justice faute d'un écu ;

Plus d'architectes que de bâtiments, de maisons à construire ou entretenir, — et cependant une population misérable entassée dans des bouges malsains, peu ou point aérés ; (V. à cet égard plus loin les remarques de MM. Blanqui et Villermé, de l'Institut).

Plus de candidats pour le notariat, pour les offices ministériels, pour les greffes qu'on ne put en faire entrer en charge, — et partout cependant des actes irréguliers, mal conçus, sans caractère et sans valeur ; des sous-seing privés illisibles attestant tout ensemble le manque de lumières et le manque d'argent. Or, parmi les hommes en charge combien sont-insensiblement ruinés par les intérêts du prix de leur office, combien donnent par suite dans de tristes écarts ; combien, parmi ces tristes privilégiés de l'institution, combien ne sont que *les nécessiteux du privilége !*

Et voilà cependant, d'autre part, que la fortune du petit propriétaire se perd ; elle glisse entre ses doigts faute d'un conseil ou d'un acte en forme, les actes privés de date certaine pullulent, *le lavage du papier timbré* devient une grosse affaire, et le Trésor ne sait comment s'y prendre pour barrer le chemin à ceux qui tentent de lui échapper.

Eh ! malheureux ! c'est la Bourgeoisie embarrassée qui vit d'expédients, c'est l'aisance qui abdique et qui ne sait plus comment faire ; — que leur voulez-vous ?

Dans le même temps et par une conséquence inévitable, l'on voit, au sein de l'Industrie comme dans le Commerce, *trop* de marchands de draps, *trop* de tailleurs, *trop* de marchands de chaussures, *trop* de magasins, *trop* d'ateliers et de boutiques, et tout cela en face de gens dont le plus grand nombre manque d'habits, vit de privations, n'use ni de vin ni de viande, quand le propriétaire de vignobles est là bas dans son coin, qui ne sait comment écouler ses produits (1) ?

Ainsi, partout le trop-plein de la main-d'œuvre impliquant l'encombrement, le défaut d'écoulement des produits ; des spécialités de tout rang, de tout âge, de tout sexe et de tout

---

(1) Que veut-on que devienne la fortune du propriétaire dans un pays où le vin acquiert, par les droits de toute sorte, quatre et cinq fois au delà de sa valeur. Ce qui se vend 20 fr. sur les lieux est payé 100 fr. dans de grands centres de consommation. (V. l'*Appendice*, § I, doc. statist., lettre O. Consommation des vins à Paris, de 1810 à 1842.)

état assiégeant, sans pouvoir y pénétrer, le marché des échanges, dont la foule avec ses immenses besoins se trouve sans cesse écartée, tel est le tableau que présente cette situation anormale. C'est ainsi qu'on affame le grand nombre en pleine abondance. Telle est cette situation sans nom dans laquelle les produits ne circulent pas, où le sang se fige dans les veines du corps social, parce que c'est le dieu *Terme*, c'est-à-dire le dieu de l'immobilité, qui semble chargé d'imprimer le mouvement !

Aussi, dans ce milieu où chacun souffre, *sans acception de parti*, d'éducation et d'antécédents, la *Révolution fut en permanence*, suivant la douloureuse expression d'un homme de sens. Toute publique commotion qui semble devoir en un tel cas aboutir à des modifications profondes dut être, je ne dirai pas envisagée avec peu ou point d'anxiété, mais elle fut chaque jour dans les aspirations du grand nombre, car le changement, ce sera peut être la fin d'un affreux et faux système, l'ère de délivrance à peu près générale.

Le peu d'empressement que mit la Bourgeoisie proprement dite à courir, il y a deux ans, au secours de la dynastie de juillet n'a pas d'autre cause que ce déclassement profond qui la mine dans ses œuvres vives, et qui fait que de constants embarras sont le lot du moyen propriétaire, comme de celui qui n'a que ses bras pour subsister (1). — Frères par l'instabilité des conditions, séparés seulement par la faible *barrière* que mit l'éducation entre des hommes qui relèvent *du précaire*, tous ces enfants d'un même pays, unis dans les angoisses d'une vie pleine de besoins, furent indifférents au choc qui allait atteindre et renverser le pouvoir politique. En de tels cas, l'institution fonctionne dans le vide, et les circonstances, le hasard décident.

Patria ubi benè ; — où l'on vit heureux par le cœur et par le travail chacun s'attache ! — La dernière révolution, c'est l'accent suprême de l'indifférence portée jusqu'au mépris de la part de tout ce qui travaille et produit ; c'est la preuve certaine que tout ce qui fait la richesse, l'honneur, la force de la France, a fini

---

(1) Déjà, en 1826, M. Lainé caractérisait dans les termes suivants la situation faite à la Classe moyenne. Après avoir fait observer que *l'accumulation des capitaux s'éloigne plus qu'on ne croit de la démocratie*, l'orateur ajoutait :

« *La* Classe moyenne *est la plus menacée de toutes* ; fortement attaquée par *les impôts*, ne cultivant pas *elle-même*, et obligée de payer un salaire toujours croissant aux bras dont elle emprunte le travail, elle se voit *forcée de vendre l'héritage* que la division rendrait *insuffisant* pour subvenir à ses charges, et la famille se trouve dispersée. (*Moniteur*, chambre des pairs, séance du 29 mars.)

par être pleinement *désintéressé* dans ce qu'on appelle si dérisoirement la cause de *l'ordre.*

La Bourgeoisie proprement dite ne fait pas chez nous de révolutions : — mais, le jour venu, *elle laisse faire*, et cela est bien autrement grave que les *vivats* poussés dans la rue. Quand les choses se passent ainsi, c'est que les hommes de la Classe moyenne sont réduits, avec tout ce qui vient après eux, aux plus dures extrémités.

Le *précaire*, tel est le lot de la condition commune il y a deux ans ; de là un déclassement constant, de là par suite une révolution qui a rendu pour longtemps étroitement solidaires tous ceux qui relèvent du Travail.

L'Aristocratie et la Bourgeoisie proprement dite, ou l'Homme et le Cheval.

Ce qu'on nomme chez nous la Classe moyenne et qui forme la partie la plus importante de la nation par ses lumières, son amour du travail, son esprit d'ordre et d'économie, *n'a jamais gouverné en France.* — Cela peut sembler d'abord étrange ; au fond rien n'est plus vrai. C'est, en réalité, l'aristocratie de l'écu, la Haute-Banque qui règne et qui exploite le pays en faisant avec soin hommage à la Bourgeoisie proprement dite de telle initiative, de telle mesure, en temps de trouble et d'agitation comme dans les moments de calme. — L'habileté consiste ici particulièrement à se servir des hommes du *Tiers* pour faire ce qu'on n'oserait faire seul, et à leur laisser la responsabilité des actes, dont quelques hommes, en petit nombre, recueillent ensuite les profits.

Pour cela que faut-il ? quelques paroles bien retentissantes, une mise en scène un peu habile, comme, par exemple, des protestations, des déclamations contre l'anarchie, en ayant soin, d'autre part, d'emprunter à la Bourgeoisie, comme premiers rôles, ses esprits les plus souples, ses dévouements les plus aveugles, de même qu'on lui emprunte sa milice en temps de trouble.

Tout cela tient lieu d'institutions et ne coûte rien aux hommes du Monopole : puis, la masse paie et supporte, comme auparavant, la plus lourde part des charges. C'est là ce qu'on appelle vulgairement *prendre l'ombre pour le corps* (1).

----

(1) Ce fait en politique joue un trop grand rôle pour qu'on ne doive pas l'appuyer de tout ce que la raison et l'histoire fournissent d'arguments à cet égard.

Nous demanderons si c'est la Classe moyenne qui nous donnait le *double vote*, — la guerre d'Espagne en 1823, — et qui repousse un peu plus tard la con-

La foule , comme dirait Etienne Pasquier, *chatouillée du vent de ce vain honneur*, croit être pour quelque chose dans le maniement du pouvoir ; elle charge la pièce dont quelques habiles placés un peu en arrière dirigent le *pointage.*

Ce fut donc sur le dos de la Classe moyenne et du peuple, qui relève comme elle *du Travail*, qu'on battit journellement monnaie, qu'on fit ce qu'on est convenu d'appeler de *l'ordre*. Il est des gens qui, pour avoir pris une fois ou l'autre le mousquet, fait la patrouille par les rues, nommé ce qu'on appelle *son* député, s'i-

---

version, la réduction des rentes ?... — Est-ce la Classe moyenne qui décrète la censure, elle qui fera explosion en 1830 au nom de la liberté de la presse ?...

Croit-on que la Classe moyenne sympathise avec le régime de fiscalité de 1816 sur la matière imposable des boissons ?... — L'a-t-on vue tresser des couronnes en faveur de MM. Teste et Despans-Cubières pour les merveilles de Goubenans, à la suite des fusils Gisquet et des fameuses concessions de lignes d'omnibus, sans parler du trafic des siéges de pairie, priviléges de théâtre, etc. ?

Est-ce enfin la Classe moyenne qui encourage et soutient un abominable règne fondé sur la religion de l'individualisme et qui s'en va chargé des mépris publics ?

Cependant tout cela venait de quelque part. — Si la Bourgeoisie a constamment honni ces infamies, quelqu'un *les faisait faire* et les préconisait.

L'aristocratie fut chez nous la tête dont quelques fonctionnaires bien appointés sont le bras.

maginent de très-bonne foi avoir quelque part à la conduite des affaires. C'est là une profonde erreur. Ce qui gouverne, ce qui doit faire journellement pression dans un Etat, ce sont les intérêts. Or à la manière dont est gérée, depuis bientôt quarante ans, la grande affaire de la production, *cet intérêt considérable de la Bourgeoisie qui travaille*, au train dont vont les choses dans cette Classe moyenne qui ne peut prendre pied nulle part, à voir ce déclassement intense, l'on peut comprendre enfin de quelle nature sont les influences qui dominent (1). Celui qui a la haute main, ce n'est pas celui qui tient le mousquet ou le bulletin de vote, mais bien celui qui fait que les patrouilles marquent le pas ou prennent faussement l'alarme, pendant que son voisin est occupé à circonvenir l'élu du pays. Point d'illusion vaine : prenons les situations pour ce qu'elles sont et *les apparences pour ce qu'elles valent.*

C'est ainsi que sous le dernier règne l'urne électorale ne rendit que des oracles trompeurs, tant la Haute Bourgeoisie était habile à intimider, à corrompre, à inquiéter la foule et égarer l'opinion ! — Sus, sus à l'*anarchie !...* Et pendant que le bourgeois ébahi met la tête à la

______

(1) V. l'*Appendice*, § I, docum. statistiq., lettre P, Constitution démocratique de la France.

fenêtre pour voir ce qui se passe, les millions et les dotations, les subventions de chemins de fer défilent la parade à quelques pas de là !...

La liquidation à laquelle nous assistons en ce moment, et qui se fait comme toujours, du reste, aux dépens de ce qu'on ose encore appeler de nos jours la Classe moyenne, suffit pour montrer en quelles mains était le pouvoir qui s'est surtout signalé *par l'abus des influences*. La Bourgeoisie proprement dite est associée dans ce système aux hommes qui disposent du mécanisme gouvernemental, à peu près comme le cheval est associé au cavalier. Ils marchent, ils avancent tous deux, *l'un portant l'autre.*

C'est cet accord trompeur, où tout est profit d'un côté pendant que les corvées sans compensation sont le lot du grand nombre, que la Révolution de 1848 a dû faire cesser. Plus la crise est intense, plus elle se prolonge, plus elle atteint au cœur la Bourgeoisie proprement dite, — plus par cela même sont tristement à découvert les plaies d'un état de choses qui ne s'adressait au Travail que pour le pressurer et lui demander l'impossible.

Les intelligences de la Classe moyenne, dont l'intérêt se confond si parfaitement avec l'intérêt de l'ouvrier, ces intelligences, ces apti-

tudes s'ouvrant enfin à la lumière, et comprenant de plus en plus la nécessité de fa-
voriser tout ce qui est production et main-
d'œuvre, tout cela, c'est la cause du Travail
gagnée, c'est l'arrêt de mort du parasitisme
officiel, étroitement uni, dans tous les temps,
aux gens de finance et de Haute-Banque.

De même que le mal est parti de ces régions
fatales, de même c'est du pôle opposé que
viendront la force et la vie pour le grand nombre des familles qui, jusqu'à ce jour, n'ont pu
faire élever leurs enfants, leur donner un état,
les pousser dans quelque carrière, les racheter
de la conscription, qu'en ébréchant leur
mince patrimoine.

L'histoire de la Classe moyenne en France
est fort simple ; elle n'a que deux mots, mais
ce court précis forme une lamentable histoire.

Confiante, il y a soixante ans, dans l'immense
bienfait d'une révolution sans précédent, la
Bourgeoisie proprement dite fut animée d'une
noble ardeur pour l'instruction, les progrès de
l'Industrie, le développement actif, intelligent
des forces jusque-là mal connues du pays.
L'on fit, en conséquence, de grands sacrifices
pour élever la génération nouvelle à la hauteur de ses nouvelles destinées. Les revenus ne
suffisant pas toujours, tant l'impôt pesait lour-

dement sur la terre et sur l'Industrie, l'on prit fort souvent sur le capital pour mettre un médecin, un avocat, un architecte, un licencié ès-sciences ou ès-lettres en position telle qu'il fût dédommagé de la médiocrité de sa fortune et pût conserver sa position (1).

Puis, les impôts devenant lourds, et les pro-

---

(1) Voici comment la Bourgeoisie était poussée, il y a vingt-cinq ans, vers les carrières dont quelques hommes de gouvernement ne savent aujourd'hui comment écouler le trop-plein :

Le petit propriétaire, écrit en 1828 M. Ch. Dupin dans son *Petit Producteur français*, fût-il le plus riche de l'endroit, répétera souvent à son fils des paroles que *notre père* nous répétait tous les jours :

« Mon ami, tu ne vivras que dans la gêne et dans les privations, *si tu ne prends un état*. Sans cela, si tu as beaucoup d'enfants, *comment les nourriras-tu?* Comment leur transmettras-tu le bien être que je te transmettrai tout entier, si tu restes fils unique, et seulement par moitié, si vous n'êtes que deux frères, et seulement par tiers, si vous êtes trois. » (1828. — Ch. Dupin, t. II, *Le petit Propriétaire*.)

Ces conseils ont été parfaitement compris, entendus de la Bourgeoisie; aussi les carrières se sont-elles successivement peuplées d'artisans qu'on maudit à cette heure, parce qu'on n'a pas su agrandir le champ de manœuvres sur lequel on appelait comme à plaisir les bras et les intelligences. Il est vrai que certaines gens parlent de *supprimer* l'obstacle *humain* que leur ineptie a créé. — Ce que c'est que de lâcher les écluses dans un but de vaine popularité, sans avoir disposé un bassin assez large pour recevoir les eaux! A qui la faute donc, si le torrent est en train de se creuser le lit que votre incurie, ô docteurs du moderne matérialisme, n'a pas préparé?

fits diminuant chaque jour davantage sous la double action des taxes, de la concurrence active, le bénéfice sur lequel on avait compté se réduisit à peu de chose. De là, avec l'extension de la famille et, partant, des besoins, une vie confinant de plus en plus au précaire. Qui ne sait, en effet, qui ne voit où en sont chaque jour les débitants de la main-d'œuvre, de la fabrication, du travail, à tous les degrés de l'échelle sociale ? — Sur cinquante ou cent médecins, sur cent industriels, cent détaillants de tout ordre, de tout état, combien résistent aux difficultés de toutes sortes, combien triomphent, combien prospèrent, combien luttent avec avantage contre les rudes assauts de la concurrence et l'action destructive qu'exercent, d'autre part, l'impôt, le prix élevé des capitaux qui restreignent au lieu de l'élargir la sphère des consommations ? Quel asile que celui ouvert par l'Industrie, par les professions soi-disant libérales, à tout ce qui déserte le Sol faute d'un produit suffisant (1)! Que dire de ces fortunes bourgeoises qui cherchent incessamment dans le chapitre de la dot, dans la banqueroute, dans l'abus des fonctions notariales, dans le courtage clandestin, dans

---

(1) V. l'*Appendice*, § II, notes et dévelop., lettre *r*.

mille expédients sans nom, le moyen de se maintenir ou de se *refaire?*

Que veulent dire, d'autre part, les difficultés éprouvées par le commerce loyal, sans cesse acculé au pied de la falsification, de la contre-façon, toutes choses qui conduisent fatalement à l'association des grands capitaux, au droit du plus fort? Est-ce que tout cela n'est pas symptômatique de l'infirmité générale dans ces régions moyennes où se trouvent inutilement parqués, concentrés, le travail, l'intelligence, l'esprit d'entreprise, la force du pays?

Qui donc ignore que, dans ce système, l'étranger repousse forcément des produits qui ne trouvent pas à s'écouler au-dedans? Est-ce manque d'intelligence ou de vertu, est-ce inexpérience, faiblesse générale? Valons-nous moins que d'autres peuples? serions-nous plus dégénérés, et la générosité, la valeur active, l'intelligence des situations, ne formeraient-elles plus à cette heure le fonds inépuisable et riche du caractère national? N'est-ce pas là plutôt le cruel aveu d'une condition que les gouvernants ont laissé marcher, se dérouler à l'aventure?

Ah! l'immense majorité en France n'est ni moins bien disposée, ni moins loyale et généreuse, mais elle est pressurée à l'excès. L'Industrie parmi nous vit d'échanges restreints au dedans, tandis qu'au dehors le bas prix auquel sont cotées nos expéditions fait le désespoir du Commerce. Ne pouvant faire à prix égal, chacun se rejette sur les habiletés de dernier ordre. Le champ de la probité, du négoce proprement dit est devenu un champ ardu qui fait pâlir les plus mâles courages.

S'il est quelque chose qui doive surprendre, à travers l'œuvre de destruction journellement accomplie par l'impôt et le loyer élevé des capitaux, c'est que la Classe moyenne ait encore conservé assez d'énergie pour échapper à l'étreinte des corruptions royales! — Mais la France s'est souvenue, et la patrie de Blaise Pascal, de Jean-Jacques, de Béranger, a repoussé la coupe empoisonnée pour entrer de nouveau sur le terrain des réformes et des sacrifices.

L'on ne produit certes pas trop, et la Bourgeoisie besogneuse est la preuve vivante de tout ce que le régime actuel a d'insuffisant; l'on ne produit *pas trop,* mais tout s'en va, tout se dissipe en consommations improductives, en surtaxes qui profitent à l'opulente oisiveté, au lieu de féconder le champ de l'Industrie et du Travail.

C'est ainsi qu'on eut, suivant la remarquable parole de Jacques Laffitte, *l'indigente France du XIVe siècle* pour consommer les produits *de* *l'industrieuse et intelligente France du XIXe.*

Le pouvoir attire à lui par l'impôt la plupart des capitaux disponibles : *il consomme et ne reproduit pas.*

L'agent agricole n'aspire à produire que pour consommer *sur place* le strict nécessaire et s'affranchir ; il échange peu ou point, il est son producteur, son consommateur tout ensemble ; nulle circulation, et dès lors nul appui de ce côté pour l'industrie.

Qu'on s'étonne si dans ce système la richesse du pays aboutit à une sorte d'impasse !

La Révolution de 1848 n'eût-elle rendu d'autre service que de faire ouvrir les yeux sur l'abîme creusé par l'usure et par la Haute-Banque qu'elle serait un bien. De ce jour, en effet, la Bourgeoisie proprement dite est devenue le plus ferme allié du Travail, dont elle est manifestement solidaire.

La Classe moyenne, en se reposant sur la Haute-Bourgeoisie de l'exercice du pouvoir, a vu reparaître peu à peu les influences qu'elle crut détruites. C'est ainsi que les détenteurs des grands capitaux, les fortes compagnies, la grande industrie, étroitement mêlée, associée de nos jours aux hommes de Haute-Banque et à ce qui reste de la noblesse ancienne, pèsent bien autrement sur la direction des affaires que ne le faisaient les derniers représentants d'une féodalité purement nominale. Après la destruction des grands fiefs, il restait à l'aristocratie la voie des monopoles industriels, celle de la finance et des hautes fonctions. C'est sur ce terrain que les hommes du privilége cherchèrent à s'établir fortement, tandis que la Bourgeoisie proprement dite était comme tout le reste durement tributaire du Travail. La monarchie n'avait rien à refuser à ses nouveaux maîtres ; le grand nombre dut en conséquence supporter indéfiniment de lourds tributs et vécut d'expédients. — Tel a été, depuis quarante ans surtout, le lot de la Classe moyenne, à laquelle on laissa sous le dernier règne les vains dehors du commandement.

L'on ne gagne rien à prendre pour guides, ou mieux pour interprètes, ceux dont la cause n'est pas la nôtre. — La distance qui séparait l'homme des hautes sphères industrielles et financières de celui qui habite les régions moyennes est trop considérable pour que la puissance publique puisse résider indifféremment ici ou là.

Loin que la Haute Bourgeoisie soit lésée par des impôts qui affectent tout ce qui produit et travaille, elle est médiocrement intéressée à ce qu'en en diminue le poids. Sans parler de tout ce qu'offre de choquant la répartition des charges qui frappe d'une égale retenue le *strict nécessaire* et la richesse ; sans qu'il soit besoin de s'appesantir sur l'injustice d'un système qui impose à concurrence du 15ᵉ, par exemple, le revenu de 1,500 francs et la rente de 15,000 francs, n'est-ce pas dans les régions les plus voisines du pouvoir qu'on se distribue périodiquement les plus fortes allocations du budget, au moyen de pensions et de dotations, de subventions habilement dissimulées, de fonctions largement rétribuées ?... N'est-ce pas là-dessus que s'attendent et l'agiotage et les riches compagnies, et les rentiers, et les gradués de toute création, pour grossir leurs dividendes ?... Est-ce que ce qui profite ainsi à l'aristocratie n'équivaut pas dix fois, vingt fois même, à l'importance des tributs qu'on lève sur elle ?... Qu'on fasse le compte et l'on verra.

Et puis n'est-il pas reconnu, en temps ordinaire comme en temps de crise, cent fois démontré que plus la grêle, plus le fisc et l'usure fouettent au visage l'homme du Sol, de la Fabrique, plus la fortune croît ailleurs avec l'influence ? Qui ne sait que les temps d'atonie générale et de discrédit sont particulièrement favorables au détenteur du capital disponible ? N'est-ce pas alors, en effet, que le prix de toutes choses, denrées, marchandises, maisons, immeubles ruraux, objets de luxe, baisse sensiblement, ce qui permet au petit nombre *de moissonner avec avantage en pleine misère?* (1)

Or, à quels sacrifices au contraire, à quelles privations ne se trouvent pas condamnés par l'élévation des taxes, par le loyer excessif des capitaux, l'exagération des frais de justice, de mutation, d'expédition, le Commerce proprement dit, le propriétaire foncier, l'industriel et l'homme de la main-d'œuvre?... Que ne faut-il pas faire journellement dans ces régions honnêtes du travail pour conjurer la ruine ou le déshonneur de la faillite?... Que n'invente-t-on pas pour conserver un mince débit qui me-

---

(1) Nous exposons ici avec amertume, peut-être, mais sans haine, les résultats d'un mauvais aménagement économique. Les améliorations ne sont possibles qu'à une condition ; c'est que la thèse des intérêts puisse être de front abordée, largement débattue. Nous pourrions apporter à l'appui de cette exposition une foule de faits qui prouvent que la misère du grand nombre, le discrédit, l'anxiété publique profitent toujours au détenteur du numéraire. Nous nous bornerons à rappeler ce qui se passait à nos portes, il y a quelques mois. Dans un département voisin, un membre du conseil général, M. J....., possesseur de biens-fonds considérables, est exproprié pour une créance qu'il n'a pu rembourser aux termes de son contrat. L'on eut peine à retirer 600,000 francs d'une richesse foncière estimée 16 à 1,700,000. Voilà où en est le Sol, voilà ce qu'éprouve la grande propriété, elle-même, faute de crédit à bon marché. (V. pour plus de détails à l'*Appendice*, § II, notes et développem., lettre *s*, ce qu'écrit, le 14 novembre 1849, un juge de paix, au point de vue du crédit agricole.)

nace de se restreindre encore? Qui ne sait qu'en mettant, comme on le dit vulgairement, *l'impôt dans ses factures,* le producteur du Sol, de l'Industrie, s'expose à resserrer par cela même le cercle déjà fort restreint des consommations?... Et puis, qui donc n'est pas tour à tour producteur et consommateur, en telle sorte que celui-ci supporte aujourd'hui comme acheteur l'impôt dont il aura grevé comme vendeur son client de la veille?

C'est, on le voit, comme un échange de maux au sein du grand nombre ; seul le fisc trouve à cela son compte ; le fisc, c'est-à-dire tous ceux qui vivent en grand des ressources du Trésor.

Voilà comment les conditions diffèrent, et comment ce qui fait la joie, la fortune des uns, fait le deuil des autres.

Ce sont pourtant ces intérêts qui ont la prétention de se réglementer sans se voir, sans se connaître, et sans qu'il leur ait été jusqu'ici possible de se toucher autrement que par les registres de l'Etat civil. En conséquence, il arrive que celui qui fait la plus forte mise et qui à ce titre devrait voir de près le jeu qui se joue, s'efface à peu près entièrement pendant que l'autre tient les cartes. De là suit que les taxes excessives et nombreuses, le prix des capitaux, en s'attaquant aux nécessités de tout ce qui travaille, ont fait l'affaire de quelques hommes, au détriment de la masse. — *Travail à bon marché*, fut dans ce système l'opposé, le contre-pied, pour ainsi parler, *du gouvernement à bon marché*. Et c'est en suivant une aussi funeste pente que l'on est arrivé, en moins de trente ans, au déclassement profond qui se fait remarquer au sein de la Bourgeoisie proprement dite, qui ne vit, ne se maintient et ne peut prospérer que par le TRAVAIL (1).

Le prolétariat, c'est l'enseigne ordinaire des aristocraties.

---

(1) Les hommes de Haute-Banque prennent aujourd'hui fort stoïquement leur parti d'une situation qui est leur ouvrage; rien de plus simple que leur mode de LIQUIDATION. (V. à l'*Appendice*, § II, notes et dévelop., lettre *q*, le détail déjà exposé à ce sujet; voyez de plus la note *t* relative au métayage.)